DESTRAVE A SUA VIDA E SAIA DO RASCUNHO

CARO LEITOR,

Queremos saber sua opinião sobre nossos livros.

Após a leitura, curta-nos no
facebook.com/editoragentebr,
siga-nos no Twitter @EditoraGente,
no Instagram @editoragente
e visite-nos no site www.editoragente.com.br.

Cadastre-se e contribua com sugestões,
críticas ou elogios.

FERNANDA TOCHETTO

DESTRAVE A SUA VIDA E SAIA DO RASCUNHO

GENTE
AUTORIDADE

Diretora
Rosely Boschini

Editora
Franciane Batagin Ribeiro

Assistente Editorial
Bernardo Machado

Produção Gráfica
Fábio Esteves

Preparação
Wélida Muniz

Capa
Sergio Rossi

Projeto Gráfico
Mariana Ferreira

Diagramação
Raphael Chiacchio| Abreu's System

Revisão
Ana Paula Rezende
Andréa Bruno

Impressão
Gráfica Assahi

Copyright © 2021 by Fernanda Tochetto
Todos os direitos desta edição são reservados à Editora Gente.
Rua Original, 141/143 – Sumarezinho
São Paulo, SP – CEP 05435-050
Telefone: (11) 3670-2500
Site: www.editoragente.com.br
E-mail: gente@editoragente.com.br

Dados Internacionais de Catalogação na Publicação (CIP)
Angélica Ilacqua CRB-8/7057

Tochetto, Fernanda	
Destrave a sua vida e saia do rascunho: tenha coragem para assumir seus planos e blinde sua mente para viver uma vida com abundância / Fernanda Tochetto. – São Paulo: Gente Autoridade, 2021.	
208 p.	
ISBN 978-65-88523-23-0	
1. Autoajuda 2. Desenvolvimento pessoal I. Título	
21-2640	CDD 158.1

Índice para catálogo sistemático:

1. Autoajuda

NOTA DA PUBLISHER

QUANDO CONVERSEI COM FERNANDA PELA PRIMEIRA VEZ, ELA DEIXOU BEM CLARO QUE ME ENTREGARIA O MELHOR LIVRO POSSÍVEL E QUE NÃO VOLTARIA ATRÁS COM SUA PALAVRA. COM UMA ENERGIA MUITO MARCANTE E PODEROSA, ALÉM DE SER UMA PESSOA EXTREMAMENTE DEDICADA, ELA NÃO TEM MEDO DE FAZER O QUE PRECISA SER FEITO PARA AJUDAR O PRÓXIMO EM SUA VIDA E CARREIRA. FERNANDA É UMA VERDADEIRA FORÇA DA NATUREZA QUANDO A META É ATINGIR O SEU OBJETIVO DE TRANSFORMAR PESSOAS.

ESSA PERSONALIDADE INCRÍVEL É FRUTO DE UMA HISTÓRIA PESSOAL CHEIA DE REVIRAVOLTAS E CONQUISTAS. COM DISCIPLINA E ORGANIZAÇÃO, ELA SE DEDICA A ESTUDAR E A DESENVOLVER O AUTOCONHECIMENTO, A INTELIGÊNCIA EMOCIONAL E AS FERRAMENTAS TRANSFORMADORAS QUE IMPACTAM A VIDA DE SEUS MENTORADOS E, AGORA TAMBÉM, OS LEITORES. *DESTRAVE A SUA VIDA E SAIA DO RASCUNHO* CHEGA PARA AJUDAR VOCÊ, QUERIDO LEITOR, A SE TRANSFORMAR E ENCONTRAR O SEU PROPÓSITO.

ESTOU CERTA DE QUE VOCÊ TERMINARÁ A LEITURA RENOVADO, PRONTO PARA VIRAR AS PÁGINAS DA SUA VIDA E SAIR DO RASCUNHO. BOA LEITURA!

ROSELY BOSCHINI
CEO E PUBLISHER DA EDITORA GENTE

DEDICATÓRIA

DEDICO ESTA OBRA AO MEU ESPOSO, ISAAC, QUE NÃO MEDE ESFORÇOS PARA PARTICIPAR ATIVAMENTE DA REALIZAÇÃO DOS MEUS SONHOS. MUITO OBRIGADA POR TUDO!

À MINHA FILHA ANTÔNIA, QUE ME ENSINA O PODER DE ACREDITAR NO MELHOR DE MIM E DA VIDA, E DE APROVEITAR INTENSAMENTE OS MEUS DIAS.

À MINHA FAMÍLIA, QUE APOIA MEUS DESAFIOS E CRESCIMENTO. ESTE LIVRO É FRUTO DE ESTUDO E EXPERIÊNCIAS, MAS SOBRETUDO DE MUITO ESFORÇO E DEDICAÇÃO DA MINHA FAMÍLIA PARA QUE EU REALIZASSE MEUS OBJETIVOS E CHEGASSE ATÉ AQUI.

A TODAS AS PESSOAS COM QUEM JÁ TRABALHEI – CLIENTES, MENTORANDOS, ALUNOS, AMIGOS –, QUE ME PERMITEM CONTINUAR COM ESSE BRILHO NOS OLHOS A CADA DESAFIO.

À MINHA EQUIPE, QUE DIARIAMENTE CONTRIBUI PARA A MINHA EVOLUÇÃO.

O QUE ME MOVE É VÊ-LOS CRESCER CADA DIA MAIS EM SUAS CARREIRAS E EM SUAS VIDAS.

SUMÁRIO

10   **PREFÁCIO DE JOEL JOTA**

13   **INTRODUÇÃO**

20   **CAPÍTULO I**
COMO VOCÊ ESTÁ? O QUE PRECISA TRANSFORMAR?

26   **CAPÍTULO II**
COMECE PELO FIM: DE FORA DA CASA

54   **CAPÍTULO III**
DESTRAVE SEU EMOCIONAL: FUNDAÇÃO

102   **CAPÍTULO IV**
PROPÓSITO E VALORES: PORTA

114   **CAPÍTULO V**
JANELAS

180   **CAPÍTULO VI**
DECISÃO, VISÃO E MENTE ABUNDANTE: TELHADO

195   **RECOMECE**

PREFÁCIO

CONHECI A FERNANDA TOCHETTO HÁ ALGUNS ANOS, EM UM EVENTO PARA ESCRITORES. QUANDO A VI, A PRIMEIRA COISA QUE PERCEBI FOI O SEU OLHAR: APAIXONADO PELO MUNDO, CHEIO DE PROPÓSITO E COM MUITA CLAREZA DE OBJETIVO. QUANDO ELA INICIOU A SUA APRESENTAÇÃO, TIVE AINDA MAIS CERTEZA DE SUA PRESENÇA PODEROSA E DE QUE O SEU LIVRO NÃO SÓ ACONTECERIA, COMO TAMBÉM SERIA UMA JORNADA INCRÍVEL DE AUTOCONHECIMENTO QUE PASSA PELO PASSO PRINCIPAL QUE FERNANDA DEFENDE: DESTRAVAR A NOSSA JORNADA.

DESTRAVE A SUA VIDA E SAIA DO RASCUNHO É, ANTES DE TUDO, UMA OBRA SOBRE INTELIGÊNCIA EMOCIONAL. É FRUTO DA MENTE DE UMA PSICÓLOGA RENOMADA, COM EXPERIÊNCIA, CONHECIMENTO E UMA CAUSA MUITO CERTEIRA: A IMPORTÂNCIA DE SABERMOS AONDE ESTAMOS E AONDE QUEREMOS CHEGAR, CONHECENDO OS NOSSOS PONTOS FORTES E USANDO-OS A NOSSO FAVOR. FERNANDA ESTÁ CONSTANTEMENTE NOS INCENTIVANDO A DESCOBRIR ESSES CRITÉRIOS, COM PERGUNTAS QUE NOS FAZEM REFLETIR SOBRE A NOSSA VIDA E A NOSSA CARREIRA, COM PRÁTICAS QUE NOS DESTRAVAM E NOS APRIMORAM. TUDO ISSO É ESSENCIAL E NOS DÁ UM PONTO DE PARTIDA PARA TERMOS DISPOSIÇÃO NO PERCURSO, NOS CAPACITANDO A CONHECER NOVAS PERSPECTIVAS SOBRE NÓS MESMOS.

SOU ESPECIALISTA EM ALTA PERFORMANCE E SEI DA IM-
PORTÂNCIA DE UMA OBRA COMO ESSA, UM PROJETO NÃO SÓ
DE FILOSOFIA DE TRABALHO, MAS FILOSOFIA DE VIDA. O LEI-
TOR, AO SE DEBRUÇAR SOBRE ESSE LIVRO ÚNICO E ESSENCIAL,
VAI CONHECER DE MANEIRA MAIS PROFUNDA A VISÃO - E O
MUNDO - DE FERNANDA, NO QUAL A INTELIGÊNCIA EMOCIO-
NAL, A CONSCIÊNCIA E A ESSÊNCIA DE CADA INDIVÍDUO SÃO
ELEMENTOS VALOROSOS. GARANTO QUE, ANTES DE TERMI-
NAR A LEITURA, VOCÊ ENCONTRARÁ AQUI O QUE VEIO BUS-
CAR E DESCOBRIRÁ O QUE NEM IMAGINAVA, À MEDIDA QUE
MUITA COISA IMPORTANTE SOBRE VOCÊ MESMO É REVELADA.

DEIXO AQUI UM GRANDE ABRAÇO PARA FERNANDA:
SEU LIVRO ESTÁ PRONTO, LINDO E CHEGOU COM LOUVOR.
É UMA HONRA PODER ESCREVER ESTE PREFÁCIO E FAZER
PARTE DESTA EMPREITADA. O LEITOR TEM EM MÃOS UMA
FERRAMENTA QUE VAI DAR CAMINHO, DIREÇÃO E LEVEZA,
ALINHANDO A SUA JORNADA COM TUDO O QUE É MAIS RARO
E IMPORTANTE: A POSSIBILIDADE DE UMA VIDA COM PROS-
PERIDADE E ABUNDÂNCIA.

UM GRANDE ABRAÇO E BOA LEITURA!

JOEL JOTA
AUTOR BEST-SELLER DO LIVRO
ESTEJA, VIVA, PERMANEÇA 100% PRESENTE,
EX-NADADOR DA SELEÇÃO BRASILEIRA
E MENTOR DE ALTA PERFORMANCE

INTRODUÇÃO

DE CORAÇÃO PARA CORAÇÃO: SEMPRE SONHEI COM ESTE DIA. O MEU LIVRO ALCANÇANDO O MAIOR NÚMERO DE PESSOAS POSSÍVEL E TRANSFORMANDO VIDAS. AO MESMO TEMPO QUE TINHA CERTEZA DE QUE ESTE MOMENTO CHEGARIA, SABIA QUE A JORNADA EXIGIRIA AINDA MAIS DE MIM DO QUE JÁ COSTUMO ME COBRAR. PRINCIPAL-MENTE MAIS DETERMINAÇÃO E CORAGEM PARA NÃO DESISTIR NO CAMINHO E CONSEGUIR ENTREGAR UM CONTEÚDO NOBRE E TRANS-FORMADOR QUE FIZESSE NÃO SOMENTE OS MEUS OLHOS BRILHA-REM MAS TAMBÉM OS SEUS, CARO LEITOR.

Esse desejo de ir além e ocupar o meu espaço, agregando valor e impactando pessoas, sempre me acompanhou. Desde criança, sentia vontade de ter atitudes diferentes das que via ao crescer, de fazer coisas diferentes de tudo o que existia ao meu redor. Olhava para aquela realidade familiar de muito trabalho e pouco retorno e pensava: *Como essa experiência pode me levar à vida com que sonho? O que preciso aprender e o que não quero repetir?*

Sentada atrás da minha casa, ainda criança, costumava olhar para as estrelas e sonhar. Visualizava onde eu moraria, como viveria, com quem me casaria, como seria a minha profissão... Imaginava detalhe por detalhe. E olha que ainda não sabia nada sobre *O segredo* e *As leis da atração*. Audaciosa, poderosa, bem-vestida, viajando o mundo e conhecendo muitas pessoas. Era assim que eu me imaginava. Não sabia, porém, qual caminho deveria seguir para isso; era apenas um sonho. Só sabia que gostaria de me livrar da escassez e dos medos para, então, poder viver em abundância e leveza.

Sempre me enxerguei formando uma família, sendo mãe e uma profissional reconhecida. Sonhava com o dia em que meu exemplo e minhas palavras inspirariam pessoas reais a não desistir dos sonhos, a vencer batalhas emocionais e a tomar as rédeas da própria vida.

Sempre tive objetivos bem concretos e fui me organizando para realizá-los um a um, como se a vida fosse uma sequência matemática. Porém, ao longo da minha jornada, passei por experiências que poderiam ter me feito desistir de tudo, mas que, ao contrário, me fizeram virar a chave para transformações necessárias na minha vida. A perda de dois bebês, a morte de um familiar próximo e uma grande decepção profissional, além de algumas crenças limitantes que insistiam em me acompanhar – todos esses fatores poderiam, sim, ter colocado tudo a perder.

Entretanto, minha formação profissional – sou psicóloga, mentora de carreira e treinadora comportamental –, meus estudos de psicologia, de programação neurolinguística (PNL) e neurociência, a conexão com meus mestres, a experiência com inúmeras empresas e profissionais não só me ajudaram a encarar de frente essas dores como também me levaram à construção do meu próprio método de desenvolvimento pessoal e transformação de resultados profissionais, os quais tenho a honra de compartilhar com você neste livro.

Mesmo já praticando meu método de destrave com meus mentorandos, sentia que precisava compartilhá-lo com o máximo de pessoas possível. Sempre quis transformar o que já falava nas minhas palestras e treinamentos em um livro. Não sabia quantas páginas teria ou quantos exemplares venderia, mas uma certeza eu tinha: eu conseguiria inspirar a transformação na vida das pessoas que o lessem.

E transformar a vida não significa revolucionar tudo do dia para a noite. A transformação acontece nos detalhes, que podem passar despercebidos por quem olha de fora: um novo hábito saudável adquirido, um hábito ruim deixado no passado, palavras negativas sendo substituídas por outras positivas, um pensamento bom aqui, uma atitude boa acolá. Pequenos movimentos, escolhas possíveis de serem colocadas em prática e que se mantêm dia após dia.

Confesso que o que mais me realiza é ver alguém dando o primeiro passo para a mudança que deseja na própria vida, rompendo a inércia e se movimentando para melhorar. Pode não parecer grande coisa, mas uma única atitude na direção dos seus sonhos ou do autoconhecimento é capaz de gerar novos movimentos, novas conexões, e a sensação é aquela que conhecemos bem: "Parece que o universo está conspirando a meu favor!". Acredite, ele está, mas porque você agiu. Quer outra boa notícia? Ele vai continuar conspirando a seu favor se você continuar agindo em prol de si mesmo.

E agir nesse sentido é mudar quando é preciso. Já adiantando um assunto que vou abordar aqui (sem dar *spoiler*, fique tranquilo): a mudança. Ela não começa de fora para dentro, ou seja, não adianta esperar que ela aconteça no seu ambiente, nos seus pais, no seu parceiro, no trabalho, na atitude dos outros. Quando você descobre que o poder da mudança está aí dentro e toma a iniciativa de praticá-lo, todos os que se relacionam com você também mudam. Como? Esse caminho se revelará a cada capítulo desta obra, por isso peço desde já: livre-se desse julgamento que o afasta de oportunidades e entenda que este livro é sobre você. Ao se permitir mergulhar na sua história, você destravará o que precisa e conquistará o que deseja com mais facilidade. Peço licença para seguir ao seu lado nessa jornada, que será lapidada diariamente por você à medida que for descobrindo o caminho da sua transformação.

As provocações que farei aqui são as mesmas que fizeram a minha própria chave virar. O conteúdo desta obra foi baseado em aprendizados, experiências e, principalmente, no que me ajudou a destravar a minha vida e a sair do rascunho, a me tornar protagonista das minhas escolhas, a ativar a minha autorresponsabilidade e a deixar de me vitimizar de uma vez por todas. Aproveite ao máximo essa experiência!

A essa altura, você já deve estar se perguntando sobre o método. Vamos lá. Ele é representado por uma CASA, que faz uma analogia com a sua vida, seu "eu" e todos os seus pontos de conexão: você consigo mesmo, você e seus relacionamentos e família e você e sua carreira. A sua casa revela o seu "eu" em todas as suas dimensões. Uma construção para você destravar, despertar seu potencial máximo, a fim de contribuir para seu desenvolvimento, a gestão da sua carreira e a tomada de suas decisões. Assim você poderá prosperar e recomeçar o que for necessário.

Quer saber como esse método surgiu? A casa, para mim, sempre teve conceitos muito fortes. Ela é o nosso lugar no mundo, é de onde podemos nos afastar por quanto tempo quisermos, mas, quando voltamos para ela, é onde sentimos aquela sensação de pertencimento, de aconchego... Difícil de descrever, não é? Mas, além disso, a casa é a materialização dos nossos sonhos e objetivos; ela representa o que conquistamos até o momento presente. E aqui não falo só em dinheiro e aquisições materiais. A casa é também onde entram as pessoas que deixamos fazer parte da nossa vida, nossos relacionamentos e construções afetivas. Você já tinha pensado na sua casa dessa forma?

Agora mostrarei cada parte da casa que representa o meu método. Fique bem à vontade! O método consiste em começar pelo fim, ou seja, em se olhar com uma lupa em mãos, como se ainda estivesse do lado de fora da casa. Na primeira parte deste livro, você vai encontrar questionamentos necessários para perceber o que está acontecendo hoje na sua vida, e o que precisa e quer transformar. No segundo capítulo, "Comece pelo fim", convido você a se fazer perguntas sobre as quais, talvez, nunca tenha parado para pensar. Uma delas é: se hoje fosse o seu último dia de vida, quais pendências você teria para resolver? Além desse questionamento, você terá a oportunidade de fazer um diagnóstico das principais áreas da sua vida.

Já na terceira parte, "Destrave seu emocional", meu compromisso é ajudá-lo a destravar e colocar em ação esse movimento com toda a força. Você terá acesso a ferramentas capazes de destravar o seu emocional, que é a base da casa, a fundação. Se ela não estiver firme, a casa cai ou, no mínimo, toda a construção fica comprometida.

Depois disso, falo sobre temas fundamentais, propósito e valores, parte em que mostro a porta da casa, ou seja, abordo a importância de encontrar o seu propósito e dou dicas para isso. Por que eles são a porta da casa? Porque você não sai mundo afora sem seu propósito e seus valores: eles fazem parte de você. Além disso, tendo o propósito e os valores na porta, é possível compreender melhor quem você deixa entrar na sua vida, quem influencia as suas escolhas e com quem você quer conviver. Se você sabe quem é você e o que importa na sua vida, consegue fazer escolhas melhores.

Em seguida, vêm as três janelas: hábitos e rotina próspera; relacionamentos; competências, pontos fortes e gestão da carreira. Nessa parte, falo sobre o que você deixa entrar na sua casa, no seu dia a dia, que impacta diretamente os seus resultados. As janelas abertas permitem que o ar circule e com ele vêm novos ares e novas possibilidades. Elas representam o despertar, o movimento, a conexão, pois, ao abrirmos nossas janelas para o novo, nos permitimos aprender, mudar, fazer diferente.

Por último, é a vez da mente, do telhado – decisão, visão e mente abundante. Do topo, você consegue ter clareza, ser hiper-realista, enxergar a verdade e sentir seu poder. Desse local, você é capaz de visualizar tudo o que construiu (abaixo – a sua casa) e tudo o que ainda deseja construir (acima – o céu, as estrelas, os sonhos).

Chegou o momento de lhe entregar o meu método, um passo a passo para você enxergar suas verdades e oportunidades e finalizar a leitura com entendimentos e decisões capazes de mudar o seu jogo a partir de agora.

Para finalizar, ou melhor, para começar, preciso deixar uma reflexão importante.

Quem é você? Eu não sei. Só sei que você pode descobrir coisas que nem imagina sobre si mesmo e sobre o que fazer daqui para a frente. Sabe por quê? A cada ciclo da sua vida, a cada conquista, a cada derrota ou vitória, você descobre algo em si mesmo e recomeça uma etapa na sua vida, um ciclo que inicia pelo fim e recomeça a cada nova oportunidade que você escolhe abraçar na sua jornada.

Permita que eu o guie, deixe sua mente fluir e compreenda como você pode, assim como milhares de pessoas que estão conectados comigo, fazer as transformações que precisa e deseja.

Aproveite as provocações deste livro para construir a sua forma de fazer, de explorar o seu talento, de construir relações, de crescer e de enriquecer a sua vida. Minha função é ajudá-lo a destravar, a despertar e a decidir. Vou auxiliá-lo a enxergar o que é profundo, aquilo que está batendo na sua cara e que você não está enxergando por alguma razão.

Vamos juntos?

CAPÍTULO I

COMO VOCÊ ESTÁ?
O QUE PRECISA TRANSFORMAR?

Depois de ter me apresentado e falado um pouco do meu método, da minha trajetória e dos meus desafios, quero convidá-lo a olhar para si mesmo, para sua realidade atual. Vou lhe mostrar alguns exemplos de situações e dores que você pode estar vivendo e que, às vezes, por não ter o hábito de se questionar e de refletir, nem se dá conta e vai procrastinando a mudança.

Essas realidades não foram inventadas, são *cases* reais meus, dos meus mentorandos e clientes. São situações comuns a muitas pessoas que me procuram para transformar a própria vida. Acredito que elas possam ajudar você a identificar o seu problema e a encontrar as suas soluções.

Estar aqui nestas páginas, com você, foi o que me deu a possibilidade de me conectar com muita gente. Vejo a maioria das pessoas se culpando por não viver de maneira equilibrada, devendo para si, para a família e para a carreira, algumas se questionando seus papéis, o tal equilíbrio e a quantidade de horas de trabalho, se estão fazendo as escolhas certas no presente e para o futuro. Percebo que muitos profissionais desejam crescer, se desenvolver, atingir novos patamares, mas se sentem presos, sufocados por algo que não conseguem reconhecer. Aí ficam sobrecarregados, dispersos, com a mente acelerada e acabam procrastinando tudo o que precisam fazer.

Grande parte das pessoas que me procura sente dificuldade de reconhecer o seu propósito, o que por si só gera sentimentos ruins, como baixa autoestima, desânimo e dificuldade de estabelecer objetivos. Além disso, vivem sem tempo para cuidar de si e se sentem em constante dívida consigo mesmos e com seus relacionamentos.

> **"ÀS VEZES ME SINTO ANSIOSO E COM MEDO DE NÃO ESTAR NO CAMINHO CERTO. ME QUESTIONO COM FREQUÊNCIA SE VOU CONSEGUIR, SE ESSA É A MELHOR DECISÃO. PRECISO FOCAR E AGIR MAIS, PARAR DE PROCRASTINAR E APRENDER A DELEGAR. NÃO QUERO MAIS ME SENTIR ESCRAVO DO MEU TRABALHO, DESORGANIZADO E SOBRECARREGADO, QUERO RESULTADOS DIFERENTES."**

Essa é uma fala recorrente dos meus mentorandos. São pessoas que estão presentes, mas sempre com a cabeça distante, perdendo momentos significativos da vida, principalmente em família. A mente está sempre acelerada, fazendo-as perder o foco do que pode ser transformador na própria vida. Muitas vivem no modo comparação. Comparam seus resultados e suas conquistas com os do amigo, do concorrente, e, com isso, sentem-se inferiores. Não enxergam os progressos nem que estão dentro de um processo. Só veem o resultado, concentram-se apenas no fato de que ainda não o alcançaram.

Algumas dessas pessoas parecem fortes e resolvidas, mas carregam medos, julgamentos e principalmente crenças que travam suas escolhas e atrapalham seu crescimento. Sentem-se constantemente inseguras e ansiosas. Estão sendo desafiadas em casa e no trabalho pela tecnologia, pela inteligência artificial e pelas redes sociais. Precisam tomar consciência da importância do uso desses aparatos, dos prejuízos e da necessidade de ter equilíbrio na própria vida. Levantam-se atrasadas, utilizam a função soneca repetidamente, comem na rua ou no caminho e chegam ao trabalho correndo para cumprir demandas impostas por outros. Vivem suas 24 horas atropeladas e, quando percebem, o dia acabou no automático. Esse é o fluxo que abraça muitas pessoas.

O ambiente familiar e as crenças instaladas ao longo da vida dessas pessoas, na maioria das vezes, as mantêm presas às rotinas, aos resultados atuais, à escassez, à incapacidade de dar o próximo passo.

Muitas não investem no autoconhecimento – para entender como agem e reagem aos fatos e ambientes – e acabam seguindo modelos que não se aplicam à própria vida. Assim, alimentam o hábito de reclamar, começam e terminam o dia sem propósito, sem realização. Nesse cenário, a vida é uma sequência de dias e de desafios, os sonhos são possibilidades distantes que dependem de outra pessoa. A autoestima e a autoconfiança atrofiam, a vida passa e os anos voam.

Alguns medos e inseguranças são constantes: não saber se posicionar, se arriscar, não conseguir evoluir, não ganhar bem, falar em público, se expor, ser julgado – às vezes existe o medo da própria família. Medo de não ser reconhecido, de não ser bem-sucedido, de não ter tempo para cuidar de si e acabar adoecendo, de não saber controlar o dinheiro, de não concretizar seus objetivos, insegurança de quanto cobrar pelo seu trabalho.

Como mentora, vejo muitas pessoas chegarem a mim desejando mudar, achando que querem uma coisa quando, na verdade, querem outra ou, às vezes, nem sabendo o que querem. Alguns exemplos: desejam crescer, evoluir, mas estão sem energia, quase se arrastando para dar conta do dia. Ou ainda querem ter sucesso, mas não gostam do que fazem. Imagine o quanto é difícil admitir que você estudou tantos anos, se formou e agora não quer mais trabalhar naquilo a que se propôs desde o início. Talvez a família tenha cobrado um diploma e uma carreira, mas, agora, você vê novas possibilidades e oportunidades. Aí podem entrar em cena as crenças limitantes, como a do fracasso, por exemplo.

Com base nessas situações que mostrei aqui, qual ou quais você está vivendo neste momento? Provavelmente, mesmo não se dando conta, foi por causa dela que você procurou este livro. Por isso, é importante que agora você pare e reflita sobre esse ponto. Qual é a sua dor? O que tira o seu foco? Do que você reclama todos os dias? O que trava a hora de decidir? Ao tomar consciência da sua situação de vida atual e seguir as próximas etapas propostas neste livro, você será capaz de concentrar todas as forças para começar de vez a sua transformação.

Nos próximos capítulos, você encontrará estratégias para compreender onde está, o que realmente quer alcançar, e decidir o que precisa superar e fazer. Muito mais do que gerar reflexões, me proponho a compartilhar ferramentas e ações para você aprender como fazer a sua transformação.

> Ao tomar consciência da sua situação de vida atual e seguir as próximas etapas propostas aqui, você será capaz de concentrar todas as forças para começar de vez a sua transformação.

CAPÍTULO II

COMECE PELO FIM: DE FORA DA CASA

Sim, eu sei que este convite de iniciar pelo fim pode parecer estranho, afinal, vai contra aquele velho conselho: "Na dúvida, comece pelo começo". Porém, insisto que você deve começar pelo fim e você já entenderá por quê.

Escolhi uma casa para representar a construção da sua transformação e ebulição que começa a acontecer a partir de agora. Como vimos, essa casa representa o seu "eu", sua identidade, suas escolhas, suas conquistas, quem você é hoje. Ela existe desde o dia em que você foi concebido pelos seus pais. Sim, a construção se inicia desde o que você vivenciou ainda no útero da sua mãe e se estende a cada dia até os últimos momentos da sua vida. Essa casa é influenciada por todos os que o cercam e que, de alguma forma, entram e saem diariamente da sua vida, deixando marcas com palavras, gestos, experiências e vivências. Todos esses movimentos dentro da sua casa criam símbolos e significados que influenciam no seu jeito de agir e de fazer as coisas, nas escolhas dos seus relacionamentos e da sua carreira.

Começar pelo fim, continuando a analogia com a casa, significa se enxergar fora dela, antes de entrar. Agora, peço que coloque uma lupa em cima de você e questione-se sobre coisas que costuma evitar pensar porque acredita que ainda tem muito tempo. A morte é uma delas. Sei que é um assunto delicado, mas meu objetivo aqui é que você reflita sobre o seu papel, hoje, diante dessa possibilidade, ou seja, o que você está fazendo para que tudo fique bem caso o seu último dia seja este, por exemplo.

Neste capítulo, também falarei sobre autorresponsabilidade – ponto fundamental para começar o seu destrave – e sobre a necessidade de fazer um autodiagnóstico em relação às principais áreas da sua vida – saúde, família e relacionamentos, carreira, dinheiro, fé e emoções. Dessa forma, você será capaz de entender como está sua situação atual e assim seguir nos próximos passos rumo à transformação.

Dentro dessa missão, dividi o capítulo em quatro partes. A primeira trata da autorresponsabilidade, tema fundamental para seguirmos adiante. A segunda parte convida à seguinte reflexão: "Como acha que as pessoas veem você?". Já a terceira deixa uma pergunta forte, porém, necessária: "Se hoje fosse seu último dia de vida, quais pendências você teria para resolver?". A quarta etapa, por sua vez, inclui o autodiagnóstico com seis frentes: saúde física e emocional, família e relacionamentos, carreira, dinheiro, fé e emoções. Vamos lá!

AUTORRESPONSABILIDADE

É muito fácil nos apaixonarmos pela versão que contamos sistematicamente para nós mesmos e, assim, justificar o resultado que temos. Conseguimos, na maioria das vezes, identificar nossa baixa autorresponsabilidade quando nos colocamos na posição de vítima e quando estamos concentrados em desejar o que o outro tem e não o que estamos comprometidos a fazer.

Praticar a autorresponsabilidade é transformador. É olhar para tudo o que criou na sua vida (sim, foi você quem criou), ter autoconsciência e clareza de que as coisas acontecem quando você sabe o que quer, quando se compromete e age com disciplina, quando sabe que os fatos e os resultados são frutos das suas escolhas e que você é o único responsável pela vida que tem levado.

Quando a autorresponsabilidade de fato faz parte da sua vida, as coisas começam a acontecer. A mudança que você busca fica mais próxima e as frustrações vão diminuindo. Você reduz a expectativa sobre o que espera do outro e assume para si a responsabilidade dos seus comportamentos e do que precisa ser feito. Você se engaja com a sua causa e não perde tempo com o que não agrega.

Preste atenção, ter autorresponsabilidade é reduzir o número de histórias e justificativas que você conta para explicar o resultado a que chegou ou que não alcançou, as coisas que você não faz e porque você não está atingindo o que se propõe. É parar de culpar o outro, o mundo e a vida pelas coisas que não acontecem ou pelo que você não possui.

A pessoa com baixa autorresponsabilidade geralmente se concentra no outro para aliviar sua culpa. As seguintes falas podem lhe lembrar algo, alguém ou quem você é ou já foi: "Não está fácil conciliar casa, filhos e trabalho"; "Não aguento mais, todo dia a mesma rotina, as mesmas dificuldades"; "Sobra tudo para mim"; "Preciso organizar, planejar e fazer tudo o que envolve nossa casa e ainda trabalhar"; "Preciso cuidar mais de mim, da minha saúde, ir à academia, começar de vez a dieta, mas ainda não consigo"; "Não sei como fulano consegue, deve fazer só isso da vida".

Você já ouviu essas falas? Já se viu usando-as para justificar o que você não está fazendo? Quantas vezes isso aconteceu com você: decidiu que iria à academia, "segunda-feira vou começar a cuidar da alimentação e a fazer exercícios"... e não foi. Quantas histórias você já criou com o dia que iria começar? Temos uma grande habilidade de nos apaixonarmos pelas histórias que contamos e, quando nos apaixonamos, nos convencemos daquilo.

Apaixonados, sempre teremos histórias que justifiquem por que ainda não estamos fazendo o que precisa ser feito. Para sair desse ciclo, reflita: que desculpas e situações se repetem na sua busca pela carreira e pelo autocuidado? O que acontece na maioria das vezes é que decidimos virar a chave, mas queremos resultados da noite para o dia. Você já viu algo se sustentar sem continuidade, sem construção e sem seu compromisso para dar sequência?

É importante que você entenda o poder que tem quando olha para tudo isso e puxa a responsabilidade para si: "O meu resultado externo é resultado do meu ambiente interno. O que acontece ao meu redor está relacionado com a minha decisão". Quando você começa a fazer isso, diminui as historinhas que conta para si mesmo e para os outros (acredite, você terá vergonha delas) e começa a cortar as desculpas e justificativas pelo que não fez ou ainda não está fazendo. Aí você finalmente decide e age.

Outro ponto importante é: não queira mudar o outro, principalmente se a pessoa não quiser mudar. Se ela está agindo dessa forma é porque ela decidiu, e o que ela não lhe dá é porque não tem para dar. Sabe como você pode despertar a mudança nos outros? Com a sua própria transformação, com o seu exemplo. Mostre ao assumir atitudes diferentes, o que a pessoa não está fazendo.

Autorresponsabilidade é também olhar para a sua rotina atual, refletir e se questionar sobre ela, em detalhes. Essa atitude ajuda a não cair na armadilha do piloto automático, ou seja, levar uma vida que talvez você não queira só por não se questionar. Olhando para isso, você será capaz de dar os bastas necessários para transformar a rotina, para que ela o leve aonde você deseja chegar. Com esses bastas, você vai parar de justificar o seu insucesso, a falta de amor-próprio, um relacionamento sem respeito e admiração, o comportamento dos seus filhos quando eles fizerem o que você não gostaria que fizessem. Em vez disso, você vai agir, vai transformar. Nada pode impedi-lo se você elevar a sua autorresponsabilidade.

A partir de agora, pegue a responsabilidade para você, aja com o que você tem de melhor, comprometa-se com os primeiros passos. Odeie o que impede o seu crescimento, fuja da zona de conforto.

EXERCÍCIO: DESTRAVE E LIBERTE-SE

Quais são as desculpas que não darei mais a partir de hoje?

_____

_____

_____

Quais são as culpas que vou parar de depositar nos outros?

_____

_____

_____

O que vou parar de deixar para depois?

_____

_____

_____

Na missão de ajudar você a destravar a partir de um olhar de fora da casa, focando a sua vida atual, proponho que comece pelo fim. A primeira questão sobre a qual refletir é:

COMO ACHA QUE AS PESSOAS VEEM VOCÊ?

Quando as pessoas o veem chegando, o que será que elas pensam? Lá vem alguém que faz acontecer, que entrega, ou alguém que está sempre com problema, que se justifica e reclama o tempo todo?

As próximas perguntas que vou fazer serão úteis para ajudar a responder à pergunta deste intertítulo. Mas, antes, quero esclarecer que o objetivo não é deixar você mal com o que pode descobrir (seja refletindo, seja perguntando diretamente para as pessoas). A intenção é ajudá-lo a tomar consciência do legado, do impacto que você está deixando e, principalmente, dar a você a chance de mudar essa imagem a partir de agora. Sempre há tempo!

Então vamos lá. Reflita e anote as respostas.

EXERCÍCIO: DESTRAVE SUA AUTOIMAGEM

Quais são as suas justificativas-padrão para o que acontece na sua vida?

_____

_____

_____

Quais são as palavras e expressões que você usa com frequência?

_____

_____

_____

_____

Qual é o seu estado de espírito no dia a dia (nervoso, irritado, incomodado, cansado, alegre, disposto, otimista)?

_____

_____

_____

Que influência você acha que exerce na vida das pessoas com quem convive? Como elas costumam se sentir ao seu lado?

_____

_____

_____

Qual é a sua energia?

_____

_____

_____

SE HOJE FOSSE O SEU ÚLTIMO DIA DE VIDA, QUAIS PENDÊNCIAS VOCÊ TERIA PARA RESOLVER?

Aqui o convido a pensar no que você tem para resolver na vida, sendo ou não o seu último dia. Dores latentes que carrega, problemas que precisam ser resolvidos, fatos a serem encarados.

Muitas vezes, procrastinamos resoluções de problemas com familiares ou amigos, e, sem nos darmos conta, essas pendências vão pesando e minando a nossa vida. Sei que o orgulho conta nessa decisão (ou na falta dela) e que o perdão não é tarefa das mais simples; porém, é libertador quando se consegue dar esse passo. Acredite.

Uma pessoa só pode começar a transformar a sua realidade e o seu desenvolvimento quando liquida essas pendências, seja de ordem emocional, seja de ordem material. Zerando esses pesos, você pode dar o próximo passo e eliminar as forças que o puxam para trás. Então pense se existe alguma pendência com alguém ou consigo mesmo. Se tiver, reflita se é necessário procurar essa pessoa e falar com ela ou se é uma resolução que será feita dentro de você.

Preste atenção no que eu vou dizer agora. Se perceber que não vai conseguir resolver alguma dessas pendências sozinho, peça ajuda para alguém que você ame e em quem confie. E, se você levar mais de um mês para eliminar alguma delas, busque a ajuda de um profissional – psicólogo, terapeuta ou outro da sua confiança.

Outra coisa importante é que nem sempre as suas pendências poderão ser resolvidas por meio de outras pessoas. Muitas vezes, o que você tem para resolver, e que está travando a sua vida, tem a ver com pessoas que já partiram, às quais você não pode mais ter acesso, ou com alguém com quem não vale a pena abordar o assunto no momento. Mesmo assim, você precisa solucionar essas pendências dentro de si mesmo para destravar.

EXERCÍCIO: DESTRAVE AS PENDÊNCIAS

Quais são as pendências que preciso resolver que dependem somente de mim?

_____

_____

_____

Quais são as pendências relacionadas a outras pessoas? Como farei para resolvê-las?

_____

_____

_____

Eu me perdoo por:

_____

_____

_____

MERGULHE NO DIAGNÓSTICO DA SUA VIDA

O objetivo desse diagnóstico é fazê-lo olhar para as coisas que estão acontecendo na sua vida e entender o quanto você está satisfeito em cada área. Percebendo e entendendo isso, você terá as ferramentas para tomar decisões e saberá por onde começar. Além disso, você terá clareza sobre o que está precisando de atenção, de ação massiva, de esforço e de entrega na sua vida. Reflita sobre o que está acontecendo hoje. Faça um autodiagnóstico detalhado para ativar a sua autorresponsabilidade. A minha missão com esta etapa do livro é ativar o seu sentimento de "Sou o único responsável pelos resultados da minha vida", ou seja, estimulá-lo a parar de se vitimizar e a tomar as rédeas da sua trajetória, independentemente do que tenha acontecido até aqui.

O que você quer de verdade para sua vida? Se deseja realizar sonhos, atingir metas audaciosas e fazer parte do grupo de pessoas que se sente feliz de verdade, que equilibram seus papéis e vivem uma vida plena, comece refletindo e agindo sobre as seguintes áreas.

SAÚDE FÍSICA E EMOCIONAL

A energia que você precisa para dar conta do dia e dos seus objetivos vem de dentro, está diretamente relacionada à sua saúde. O problema é que a maioria das pessoas só percebe e decide mudar quando não tem mais saúde ou quando ela está gravemente comprometida. Saúde não é só corpo sarado ou beleza; esses são apenas consequência de uma vida saudável. Saúde é o seu corpo funcionando bem e em harmonia com a sua mente. O que eu posso dizer a você é: decida mudar pelo prazer, não pela dor. Portanto, cuide do seu corpo e da sua mente. Sua energia, disposição, autoestima e autoconfiança estão diretamente ligadas aos seus hábitos diários. É preciso refletir sobre suas atitudes e responsabilidade para com os princípios básicos de sobrevivência: água, sono, movimento e alimentação.

Médicos e estudiosos recomendam ter um sono de qualidade. As suas horas de sono fazem a diferença no restante do seu dia, no seu desempenho, na sua produtividade e até no seu humor. Além disso, preste atenção na sua alimentação, desde o café da manhã até a última refeição do dia, pois ela impacta diretamente na sua energia. O lazer e a diversão também são imprescindíveis na vida; a qualidade do seu trabalho e a sua disposição dependem desses momentos. Outro fator de extrema importância é o movimento, os exercícios físicos. O corpo e a mente precisam da adrenalina e da emoção que o exercício físico traz, além dos benefícios diretos para a saúde. Todas as pessoas de sucesso que eu conheço têm em comum esse cuidado com a saúde.

A sua máquina é o seu corpo, seu equilíbrio físico e emocional. Falando em emoções, em algum momento do dia, todos nós temos sentimentos de alegria, tristeza, medo, afeto, raiva, emoções positivas e negativas; afinal, elas fazem parte da psique e do mindset de todo ser humano. O que diferencia as pessoas é o equilíbrio dessas emoções. Para que ele exista e favoreça as suas relações, o autoconhecimento deve ser acionado, porque somente por meio dele é possível reconhecer seus comportamentos e ativar o controle das emoções diante das adversidades.

Preste atenção em como está o seu controle emocional, o equilíbrio entre razão e emoção. Ambas precisam, em parceria, favorecer o seu crescimento e o seu desenvolvimento, visando a resultados excepcionais. Porém, antes de querer o extraordinário, faça o básico. Cuide de si mesmo antes de achar que pode dar algo de positivo para o ambiente, para sua família e para sua carreira. A saúde é o seu maior patrimônio, nunca se esqueça disso.

EMOÇÕES

Nesse passo do diagnóstico, a proposta é convidá-lo a descobrir as principais emoções que estão guiando você e também a mergulhar na sua mente, mostrando os caminhos que podem ser destravados emocionalmente. Você não imagina a força e as transformações que passam a acontecer se você exercitar o poder da sua mente.

AS TRAVAS EMOCIONAIS

As travas são todas as histórias que você conta para si mesmo e para os outros, as justificativas para não se comprometer e iniciar o que é preciso. São os medos que você sente, aquela voz que diz: "Será que vai dar certo?". É aquela sensação de que existe algo segurando você. As travas são todos os culpados que você elege para não se ver como único responsável pelo que acontece na sua vida. São os pensamentos negativos que você abastece para se convencer de que não tem sorte e de que é vítima. As travas o impedem de avançar, de crescer e de se desenvolver.

Quando, porém, você consegue despertar o subconsciente, passa a reconhecer a procedência dessas travas, a abraçar as suas necessidades e a destravar por meio da autorresponsabilidade. E sabe como isso é possível? Por meio de movimentos que proporcionam autoconhecimento, os principais motores do destrave. Eles geram respostas, abrem as portas da zona confortável e o empurram para a transformação. Porém, se você decide ficar onde está e não resolve os seus problemas mais profundos, um alerta se acende e o inconsciente, através de seus sinais, pode pedir ajuda por meio de uma doença instalada e que precisa de cura.

Agora, peço que você reflita sobre as emoções que predominam na sua vida hoje e sobre como está lidando com as suas travas emocionais. A partir daí, você conseguirá visualizar as possíveis soluções.

EXERCÍCIO: DESTRAVE SUA SAÚDE

Eu honro a minha saúde? Honro estar vivo? Como?

_____

_____

_____

**Estou satisfeito com as minhas atitudes
perante a minha saúde?**

_____

_____

_____

**O que posso fazer para melhorar minha saúde física,
mental e emocional?**

_____

_____

_____

Quais são as emoções que dominam o meu dia a dia?

_____

_____

_____

_____

De quais emoções quero me livrar por não me fazerem bem?

_____

_____

_____

Quais emoções eu gostaria de ter mais?

_____

_____

_____

FAMÍLIA E RELACIONAMENTOS

Aqui entram as pessoas que fazem parte da sua vida no seu dia a dia. Não importa a estrutura da sua família e dos relacionamentos – cônjuge, parceiro, namorado, filhos, amigos, pais, avós, sogros, cunhados, sobrinhos. O que importa é perceber quais são as pessoas com as quais você convive e como cada uma influencia a sua vida.

Dentro desse item, avalie quanto tempo e a qualidade dele que você dedica a cada uma dessas pessoas. A "maldição do workaholic", que já foi venerada até pouco tempo atrás, hoje não é seguida pelas pessoas que buscam sucesso e realização. Sabemos que essa equação não funciona porque focar apenas um papel da sua vida faz com que, automaticamente, você deixe de lado os outros, que são igualmente importantes para a sua felicidade e para a felicidade das pessoas que convivem com você. Concorda comigo?

Passe mais tempo ao lado de quem você ama.
Compartilhe com eles seus projetos e sonhos.

Reflita sobre como você se relaciona com as pessoas que lhe são importantes e sobre os ambientes em que está inserido. Acontece que muitas vezes a pessoa está tão dentro da situação que nem percebe que a relação é abusiva, que ela desfavorece, menospreza e minimiza seu talento e sua vida. Ela está tão acostumada com a forma como vive, com as coisas que acontecem, que, quando alguém tenta mostrar algo diferente, ela enxerga como um ataque, uma ofensa. Infelizmente, existem muitas pessoas que vivem em um relacionamento destrutivo, crônico, vicioso, que machuca, desgasta. Tudo é motivo para alimentar situações de conflito e desconforto. É tudo tão automático que o que destrói passa a ser visto como normal.

Sem culpas, pense nos seus papéis na sua família e nos seus relacionamentos. Como estão as suas relações, as suas amizades, o seu casamento ou relacionamento afetivo? Você se sente valorizado? Dedica tempo para cuidar, surpreender e amar de verdade? Empenhe-se para as mudanças que são possíveis, aquelas que começam por você. Tenha coragem de pedir ajuda para mudar, se for necessário.

O grande segredo está em não espelhar o palco do outro para tomar as decisões, mas, sim, em se comprometer a agir com base nos bastidores, no que acontece dentro da sua casa.

EXERCÍCIO: DESTRAVE SEUS RELACIONAMENTOS

**Quanto tempo do meu dia ou da minha semana
dedico à minha família e aos meus amigos?
Qual é a qualidade desse tempo?**

_____

_____

_____

Como eu me sinto em relação a isso?

_____

_____

_____

O que estou alimentando: relações construtivas ou abusivas?

_____

_____

_____

O que posso fazer para mudar para melhor os meus relacionamentos?

_____

_____

_____

CARREIRA

Quando o assunto é carreira, o primeiro ponto a se questionar são os resultados que você vem obtendo com ela e o que deseja alcançar. Vejo muitas pessoas em dúvida quanto ao que querem de fato. Nesse caso, o caminho fica mais difícil porque você não sabe no que investir seu dinheiro e seu tempo, se perde em meio a tantos cursos para fazer, fica acumulando dúvidas e angústias que não levam a lugar algum.

Pensar na carreira e se propor a aprender todos os dias, se sentir realizado, se desafiar, ter vontade de inovar, crescer e fazer diferente. As pessoas que pensam dessa forma geralmente estão conectadas com quem desejam ser e são recompensadas para muito além daquele valor que paga as suas contas.

Fale sobre dinheiro e carreira, eles são fundamentais para a sua realização pessoal.

É importante lembrar que a sua carreira vem antes do seu cargo ou do seu negócio. Ou seja, ter uma carreira não significa ser empreendedor ou funcionário, e sim ter o comportamento, a atitude e a habilidade de fazer o que deve ser feito agora mesmo. É buscar entregar o melhor todos os dias, criando seu espaço – com consistência, congruência e resultado financeiro – dentro de sua escolha profissional. É o seu "eu" profissional agindo em prol de si mesmo.

Outro ponto que surge quando falamos em carreira são as nossas escolhas do passado e que vêm à tona automaticamente. É natural, pois tivemos que tomar decisões importantes ainda muito jovens, como escolher o curso de graduação, por exemplo. Essa escolha define a nossa vida profissional para sempre. Mas será mesmo?

Sua carreira é o seu produto, sua entrega que se transforma em resultados, podendo proporcionar inúmeras realizações. Tenha clareza quanto ao que você entrega por meio do seu trabalho, seja no seu próprio negócio, seja na empresa em que atua. Quando você tem segurança no que faz e nos benefícios que gera com seu trabalho, tem respostas na ponta da língua e sabe como se posicionar, as pessoas lhe veem à altura de como você deseja ser visto. É um círculo virtuoso: você faz seu trabalho cada vez melhor, se aperfeiçoa e, consequentemente, é reconhecido e os resultados aparecem.

Então deixo aqui algumas perguntas-chave sobre as quais você deve refletir. Esses pontos serão trabalhados no capítulo sobre gestão de carreira, mas fica a provocação para você já ir ponderando até lá.

EXERCÍCIO: DESTRAVE SEU "EU" PROFISSIONAL

O que fiz pela minha carreira nos últimos seis meses?

O que estou fazendo agora?

Quanto me atualizo? Ao fazer isso, busco conhecimento e desenvolvimento para evoluir, me destacar, ser competitivo e multiplicar meus rendimentos?

Qual é a minha ambição em relação à minha carreira?

Eu me posiciono e construo a minha autoridade?

Invisto nas relações de networking?

_____

_____

_____

Eu sei vender o meu talento?

_____

_____

_____

Invisto na minha marca pessoal?

_____

_____

_____

Tenho um plano de carreira? Como me vejo daqui a cinco anos?

_____

_____

_____

Tenho objetivos para o próximo ano?

_____

_____

_____

Tenho metas mensais para serem realizadas e alcançadas?

_____

_____

_____

O que posso começar a fazer HOJE (pequenos movimentos) para incluir as metas na minha rotina, na minha agenda?

_____

_____

_____

DINHEIRO

Em relação a esse assunto, a provocação aqui no diagnóstico é você entender como se relaciona e o que faz com o dinheiro que está nas suas mãos. Reflita se você trabalha e consegue usufruir do seu dinheiro no presente ou se você está refém dele, trabalhando muito e aproveitando pouco ou quase nada. Dinheiro tem a ver também com segurança, com saber que, se você tivesse que parar de trabalhar hoje por alguma razão, você e sua família estariam amparados por um tempo.

Sua atitude em relação ao dinheiro transforma sua realidade, e isso não começa apenas quando você tem fortunas, mas, sim, quando sabe gerenciar 1 real, que vira 2 reais, que se transformam em 100 reais e assim por diante.

Falando nisso, a maior parte das nossas atitudes e comportamentos em relação ao dinheiro vem de crenças que alimentamos desde a infância. Por isso, é fundamental colocar uma lupa sobre esse assunto, lembrar e pôr no papel cada uma das crenças que você ouviu de seus pais, da sua família em relação a dinheiro e riqueza.

Quais as associações e experiências vivenciadas quando o dinheiro faltou (escassez) e quando sobrou (abundância)? Essas respostas já ajudam muito no processo. Pode estar aí o motivo para as coisas estarem estagnadas na sua vida ou para você não ganhar quanto gostaria.

Encare as suas verdades aqui, o seu SER vai abraçar o TER quando você se desapegar dos problemas que armazena no seu subconsciente e que limitam a sua capacidade de ser quem você quer ser.

Questione-se sobre o seu dinheiro. É importante ter uma relação saudável com ele, que supra suas necessidades e que sobre para viver com tranquilidade, para investir na sua segurança, que ele seja visto com orgulho por você e não com vergonha ou medo que falte. O ideal é que o dinheiro se multiplique na sua mão e que lhe proporcione a vida dos seus sonhos. Mas não se preocupe se você ainda não chegou a esse patamar; o que importa é melhorar a relação com ele a partir de agora, tomando consciência do processo.

EXERCÍCIO: DESTRAVE SEU BOLSO

Quais são as suas crenças em relação ao dinheiro?

_____

_____

_____

Como lida com ele hoje?

_____

_____

_____

Como pode melhorar a sua relação com ele?

_____

_____

_____

FÉ

Eu me refiro à fé como algo em que você acredita e que lhe faz bem. Ela gera paz, tranquilidade e a consciência de que você não está sozinho nos seus desafios, angústias e incertezas.

Entre os eixos de maior importância para o sucesso que eu sempre abordo – amor e família, realização profissional, saúde física e mental –, está também a fé, uma palavra tão pequena, mas que possui grande impacto. A certeza de que as coisas acontecerão como você acredita e espera: é para isso que dou o nome de fé.

Fé significa o que você acredita, é a sua convicção sobre as coisas. Vai muito além da religiosidade. É o que você traz para sua vida e que o ajuda a se proteger, o que o encoraja a fazer o que precisa ser feito diante das adversidades e desafios. Vejo muitas pessoas que colocam sua fé em prática se desenvolvendo, se destacando, tendo resultados diferenciados nas diversas áreas da vida.

A fé pode acontecer e ser praticada de diferentes formas, e isso depende de cada pessoa. Não existem regras e também não deveriam existir preconceitos quanto a esse assunto, afinal, é uma escolha pessoal e intransferível. É provável que você já tenha uma rotina de fé, mas, caso não tenha, reflita sobre isso. Como seria se você tivesse o seu próprio ritual?

Descubra qual é a sua fé, no que você acredita. Ao descobrir, invista nisso. Para facilitar essa descoberta, deixo aqui algumas reflexões. Muitas pessoas se lembram da fé somente quando estão desesperadas.

Outras cumprem um ritual de espiritualidade e de fé que as fortalece a cada dia. Essas pessoas que praticam a fé costumam inserir um ingrediente especial no ritual: a gratidão. Aí, nos momentos mais difíceis, a força delas é muito maior, assim como o poder de reação e superação. Portanto, reflita sobre como está a fé na sua vida e como você pode melhorar essa equação.

EXERCÍCIO: DESTRAVE SUA FÉ

Eu acredito em algo maior? Isso me ajuda a ter mais força?

_____

_____

_____

Quais são os rituais de fé que me fazem bem?

_____

_____

_____

**Quais eu ainda não pratico, mas gostaria que fizessem
parte da minha rotina?**

_____

_____

_____

FINALIZANDO O DIAGNÓSTICO

Conseguiu enxergar a sua vida? Você está vivendo ou sobrevivendo? O que se esconde por trás do que não satisfaz você? Talvez todas essas reflexões tenham sacudido as coisas por aí. É exatamente isto que elas fazem: tiram de debaixo do tapete questões que parecem simples, mas que escondem informações importantes para seu autoconhecimento e sua evolução.

É preciso erguer a bandeira do enfrentamento, ter coragem de pagar o preço e fazer a mudança que se quer. Caso contrário, você entra no ciclo de ter pena de si mesmo e, com isso, não consegue nada além da pena dos outros. Tenho certeza de que não é isso o que você deseja.

Portanto, concentre-se no que você pode fazer. Pare de perder energia focando o resultado que o outro está alcançando, no que não depende de você. Tome a decisão pelo resultado que você quer ter e assine-a com sua entrega, sua performance e seu compromisso consigo mesmo.

Pense nisso. Nesse momento, que histórias você está disposto a parar de contar? Que desculpas e justificativas você está disposto a parar de dar? Você está pronto para se libertar do que o trava? De experiências, medos, culpas e padrões comportamentais?

Para finalizar este capítulo, compartilho algumas reflexões que fiz ao longo da minha trajetória e que condizem com os assuntos que acabamos de abordar.

> » Você possui os recursos financeiros coerentes com as suas atitudes, nem mais, nem menos, mas o justo para as suas lutas internas.
> » O seu ambiente de trabalho é o que você elegeu espontaneamente para a sua realização profissional. Seus colegas e amigos são as almas que você atraiu. Portanto, o seu destino está constantemente sob o seu controle.

- » Deus lhe deu o livre-arbítrio e você escolhe, recolhe, elege, atrai, busca, expulsa, modifica tudo aquilo que rodeia a sua existência.
- » Cuide das palavras que saem da sua boca, pois elas têm o poder de vida e de morte.
- » Seus pensamentos e vontades são a chave de seus atos e atitudes, são as fontes de atração e repulsão na sua jornada e vivência.
- » Não reclame nem se faça de vítima, reaja. Antes de tudo, analise e observe. A mudança está em suas mãos.
- » Reprograme a sua meta, reprograme a sua mente.
- » Busque o bem e viverá o melhor.

E, agora, além das reflexões, deixarei alguns questionamentos importantes para finalizar esta etapa. Depois de ter se aprofundado no tema da autorresponsabilidade, de ter refletido sobre a possibilidade do fim e de ter mergulhado no diagnóstico da sua vida, você já deve estar apto a responder às seguintes perguntas:

Qual é a sua verdade? Você consegue enxergar o que de fato está acontecendo na sua vida?

_____

_____

_____

O que está se transformando em lixo e travando você?

_____

_____

_____

O que você identificou que precisa de um basta e de uma mudança para você honrar sua vida, sua família e sua carreira?

_____

_____

_____

> Sua carreira é o seu produto, sua entrega que se transforma em resultados, podendo proporcionar inúmeras realizações. Tenha clareza quanto ao que você entrega por meio do seu trabalho, seja no seu próprio negócio, seja na empresa em que atua.

CAPÍTULO III

DESTRAVE SEU EMOCIONAL: FUNDAÇÃO

Depois que você se enxergou com uma lupa, é hora de entrar na casa, começando pela base. Este capítulo, dentro da analogia com a casa, representa a fundação, a base da construção. Se ela não está bem, todo o restante fica comprometido. Nesta parte, vou mostrar alguns padrões comportamentais que podem estar travando a sua vida, como as crenças limitantes, os medos, o julgamento, a inveja. Em seguida, vou abordar as técnicas para você instalar novas crenças de capacidade, merecimento e poder, como o *roadmap*, a visualização do futuro, o ensaio mental, as autoafirmações e mantras. Trarei também estratégias para escalar a sua mudança, como autocontrole e resiliência, treinamento do seu cérebro para manter o foco, inteligência emocional e autoaceitação e mindset.

O que se repete no seu diagnóstico é o que martela aí dentro e que faz você travar aqui. E a culpa é de quem? De ninguém, afinal, as pessoas não decidem acordar todos os dias para dar o seu pior aos outros. Passamos adiante o que aprendemos, o que vemos o outro fazendo. Eu, por exemplo, ao não entender o que acontecia comigo, culpava muito as pessoas ao meu redor. Depois que destravamos, despertamos para um novo modelo mental e, a partir daí, conseguimos formatar nosso padrão comportamental de acordo com aquilo que queremos.

Existem três escolhas que você pode fazer no presente. É importante ressaltar que esses movimentos só são reconhecidos com a prática do autoconhecimento, que provoca essa percepção e permite que você os enxergue. Caso contrário, você pode estar vivendo uma das seguintes situações sem se dar conta. Vamos a elas.

1. **Repetindo uma história**: mesma estrutura familiar, mesmos problemas no trabalho, mesmo modelo de finanças que você viu, ouviu, sentiu, aprendeu e seguiu ao longo da sua vida.
2. **No presente, você está revoltado e inconformado, repelindo tudo o que viu e ouviu**. Exemplos: "Não quero formar família", "Casar nem pensar", "Não dá para ter sócio", "Ter negócio próprio só traz problemas".

3. **Decidiu que vai ser protagonista**. Você honra a sua história, seu passado e todos os que fizeram parte dele. Aceita, ressignifica as suas experiências, mergulha para entender a sua trajetória. Você sempre se pergunta: o que posso fazer diferente a partir de hoje? Em vez de se vitimizar, você se transforma em uma força poderosa. Então rega suas melhores e piores experiências de vida, cria suas próprias regras, segue-as e começa a construir a sua liberdade emocional e a sua prosperidade.

Quando somos crianças, acreditamos que realizaremos cada um de nossos sonhos. Alguns querem ser astronautas, outros querem médicos, professores ou cantores famosos. Eu sempre soube o que queria realizar na minha vida: fazer com que as pessoas enxergassem de fato quem elas gostariam de ser e aquilo que elas poderiam ter. Eu sentia que poderia ajudá-las a se encontrar consigo mesmas, com o seu sonho e, enfim, realizá-lo.

Neste capítulo sobre destrave, preciso contar a história de uma cliente, um exemplo que pode ser útil para você destravar também, uma vez que ela passou por muitos desafios e conseguiu transformar e ressignificar cada um deles em prol do que desejava. É incrível como as histórias criam pontos de conexão e saídas para vidas que parecem não ter nem uma saída sequer.

Essa minha cliente viveu alguns desafios na infância que marcaram a sua trajetória. Os pais tinham um pequeno negócio, onde ela desenvolveu, desde pequena, muitas das competências que a diferenciam hoje como profissional. Mesmo tendo pais amorosos e empenhados, o ambiente familiar era turbulento, devido ao relacionamento desafiador dos pais. Ela lembra que, às vezes, fingia estar doente para eles pararem de discutir. Mesmo trabalhando muito, os pensamentos de escassez se sobressaíam. Conviveu com frases do tipo: "É difícil, tem que trabalhar muito para ganhar dinheiro"; "Precisa economizar porque você nunca sabe quando a saúde vai pedir"; "É melhor não aparecer muito para não perceberem se você fracassar".

Enquanto as amigas tinham domingos normais, na sua casa era preciso deixar tudo organizado para a semana começar. Aos 15 anos, levantava-se às 5 horas da manhã para fazer cursinho em outra cidade. Viajava por uma estrada perigosa e passava a manhã estudando. Voltava para casa, almoçava e ia para o mercado ajudar no negócio da família. No terceiro turno do dia, cursava o ensino médio. Voltava tarde, acordava cedo, dava duro, estudava sempre.

Inspirada nas novas experiências e admirada pelo trabalho de uma amiga da mãe, decidiu que seria psicóloga e, já como estudante, descobriu que poderia ajudar a família – tanto nos negócios quanto na vida – muito mais do que imaginava.

Depois de se formar, logo começou a atuar na área e a colher os frutos da sua dedicação. Parecia que tudo estava sob controle, mas, em 2008, depois de se casar e após o esposo concluir todas as formações de que precisava para se diferenciar na carreira, viram tudo desmoronar. Aqueles que apoiavam a especialização dele sumiram e as oportunidades se fecharam.

Sem alternativas, rodaram o Brasil tentando encontrar o local em que pudessem prosperar. Após dois anos, finalmente conseguiram. Uma nova cidade, novas possibilidades e esperança no coração. Assim, iniciaram suas trajetórias em Lajeado, cidade do Rio Grande do Sul marcada pela imigração alemã, pela inovação, por uma energia incondicional de que tudo é possível, lugar que ela carrega de uma forma especial no coração, como se fosse sua terra natal.

Começaram, então, a trabalhar e agarrar todas as oportunidades. Enfim os primeiros resultados apareceram. Naquela cidade e região, todos queriam proximidade com quem executa um trabalho, procuravam entender a essência e o que motivava o profissional. Ou seja, precisavam saber quem você de fato é. E isso tem uma força incrível, porque alimenta um ciclo positivo: um cliente indica para outro, as pessoas se conectam e você faz o mesmo processo, conseguindo ser um profissional reconhecido na localidade.

Quando ela entendeu o amor e a dedicação que empregava no trabalho e que o sucesso dependia somente das suas entregas, as grandes mudanças começaram a acontecer e a concretizar uma nova fase. Quanto mais ela crescia, mais trabalhava. O ano era 2012, uma fase de voltar a viver intensamente, crescer e ganhar dinheiro.

Ao ver que, mais uma vez, precisava ir além, decidiu participar do treinamento de Anthony Robbins, um dos ícones em desenvolvimento humano. Foi para Orlando, nos Estados Unidos, levando apenas uma mochila e o forte sentimento de que aquela seria a próxima virada da sua vida. Na ocasião, aprofundou os conhecimentos sobre PNL, permitindo-se mergulhar ainda mais nas suas verdades e em como a própria mente funcionava. A partir daí tudo tomou uma proporção bem diferente.

Depois do treinamento, ela começou a se organizar para inserir novos papéis na sua vida. Naquele momento, o desejo era ter filhos. Claro que ela sabia que a rotina seria outra, mas todos falavam coisas do tipo: "Você vai trabalhar menos", "Não vai ser fácil conciliar vários papéis", "Já vai pensando como vai lidar com a sua carreira, nunca mais vai ser a mesma coisa". Aliás, entendo que este seja um conflito para a maioria das mulheres: manter o equilíbrio entre o sucesso profissional e a vontade de ser mãe.

Então, em 2013, ela engravidou. Foi aquela felicidade, mas, de supetão, a vida lhe mostrou mais uma vez que mudanças podem acontecer rápido. Perdeu o bebê. Os meses seguintes foram de autoconhecimento e muito medo. Pela primeira vez, se sentiu perdendo o controle, literalmente. Foi quando um olhar com equilíbrio, amor-próprio, dedicação e autocompaixão começou a existir. Passou a focar os sonhos e a se preocupar cada vez menos com a opinião alheia. Então, em 2015, nasceu a filha e com ela a grande transformação da sua vida. Era hora de colocar em prática uma série de mudanças. Entendeu que precisava delegar, assumir seus medos, pedir ajuda e se libertar das experiências que ainda travavam muitas das suas escolhas.

Seguiu tentando dar o seu melhor como mãe sem abrir mão do crescimento na carreira. Ela sentia que esses papéis, juntos, fortaleciam o seu "eu". E estava tudo dando certo até chegar 2016, quando a família passou por um momento de grande tristeza. A irmã do seu esposo, com idade próxima a sua, mãe de um bebê de quase 2 anos, faleceu, vítima de um tumor cerebral. A sensação era de que o destino brincava com eles, afinal, a neurocirurgia é a especialidade do seu esposo.

Não existiam alternativas para a cunhada, mas ela inspirou alternativas para todos da família. O sentimento de gratidão pela vida se tornou ainda maior. O amor ao próximo, a vontade de deixar uma marca no mundo ficaram latentes. Foi aí que ela virou mais uma chave importante. Passou a se concentrar no que lhe fazia bem, parou de cobrar do ambiente o que ele não tinha para dar. Criou então seu próprio modelo de carreira e de negócio. Uma rotina próspera, com tempo para exercícios, manter uma alimentação equilibrada, ficar com a família e dar o seu melhor nos projetos que abraçava.

Em 2017, teve insights que mudaram o jogo da sua carreira. Percebeu que havia crescido, se posicionado, conquistado um espaço na cidade, com importantes resultados. Começava, no entanto, a nascer um novo vazio, afinal, o seu propósito e a sua visão de crescimento e expansão envolviam liberdade geográfica. Mesmo estando no interior do sul do Brasil, ela se perguntou como poderia atender mais pessoas, o que poderia fazer para crescer sem precisar estar longe da família. Em seguida, descobriu o marketing digital e iniciou a busca por consolidar sua autoridade, construindo um networking direcionado, movimentando-se para começar a escrever um livro, entendendo que as relações faziam toda a diferença no processo. A partir daí algumas palavras foram praticadas ao extremo. Persistência, resiliência, dedicação, paciência e disciplina foram fundamentais para ela conseguir destravar o próximo passo da carreira. Não acreditava em passe de mágica, por mais que muitas vezes desejasse que fosse possível.

Você deve estar se perguntando como sei de tantos detalhes da vida dessa cliente. É porque essa cliente sou eu! Essa é a minha história até aqui, da qual muito me orgulho e a qual aprendi a honrar.

Enquanto lia a minha trajetória, você deve ter reparado que resiliência não é uma coisa que você ativa uma única vez na vida. É preciso ter um repertório de forças para acessar todas as vezes que você mais precisa, nas dificuldades, nos desafios, quando pensamentos negativos tomam conta do seu mindset.

Alimento a crença diária de que sou uma máquina de realizar sonhos. Que audácia, Fer! Sim, tenho certeza de que o melhor está por vir e que estou no caminho, mas ainda distante do que posso realizar. O esporte e o estudo me fortalecem diariamente, e a disciplina e a determinação me mantêm na caminhada. As conversas, os planos e o apoio mútuo com meu esposo criam a nossa base de força. Alguns desafios surgem na jornada, claro, mas, como treinamos nosso emocional, caímos, levantamos rápido e nos fortalecemos.

Se você não se move, acaba acreditando nas mesmas coisas, nas mesmas crenças, na realidade que está a sua frente, mesmo que não goste dela. Ainda que não verbalize, você leva consigo essas convicções. Isto é o mindset: ação + mente = poder!

Quando falamos desse assunto, precisamos saber que temos o nosso consciente, o nosso subconsciente e o nosso inconsciente. Um dos motivos pelos quais escolhi a Psicologia é porque ela me permite ajudar as pessoas a se libertar e a destravar a própria vida. É esse o grande objetivo deste livro e da minha jornada.

Depois que compartilhei aqui a minha história, convido você a refletir sobre a sua. O que aconteceu no seu caminho que o trouxe até aqui? Quais são as marcas? A melhor maneira de descobrir é criando uma linha do tempo da sua vida. Por meio da ferramenta do *roadmap*, que vou apresentar agora, permita-se olhar para a sua história, para os principais acontecimentos – desafios, problemas, conquistas, fatos que o marcaram de alguma forma –, e abra-se para os sentimentos e insights que surgirão durante e após o processo.

ROADMAP

Essa técnica consiste no exercício de criar uma linha do tempo da sua vida. O objetivo é olhar para o passado e enxergar o quanto as experiências mais marcantes estão contribuindo para você construir o futuro que deseja.

No espaço em branco a seguir, ou em uma folha grande de papel, coloque os principais acontecimentos da sua jornada e o ano correspondente. Comece com o seu nascimento e vá preenchendo conforme for lembrando. Em relação aos principais acontecimentos, me refiro não somente aos grandes eventos, como casamento, formatura, viagens e grandes conquistas. Insira os desafios, os problemas, as mudanças, os erros, os cursos que fez, as perdas, as decepções, os passos profissionais, enfim, tudo o que marcou a sua trajetória de alguma forma. Na etapa seguinte, reflita sobre os pensamentos e sentimentos que vêm à sua cabeça em cada um desses acontecimentos e pondere também sobre o quadro geral de modo amplo.

Comecei a propor esse exercício para as minhas turmas de mentoria e presenciei grandes insights. Isso porque, quando você visualiza a vida dessa forma, tem a oportunidade de descobrir como enxerga a própria caminhada, os passos que deu até aqui.

Em outras palavras, por meio do *roadmap*, você reconhece a sua história, avalia a sua vida e se autoavalia diante dela. Chega a conclusões surpreendentes; inclusive, é possível que adquira novas crenças a partir daí – basta se dar conta de como agiu em momentos importantes da sua vida e em como os vê hoje. Você pode até mesmo descobrir que está enxergando somente as dores ou somente as grandes conquistas. Ou ainda pode perceber como aqueles acontecimentos ainda impactam em você. As possibilidades variam de pessoa para pessoa. Recomendo o exercício pela simplicidade e pelos benefícios diretos que pode gerar.

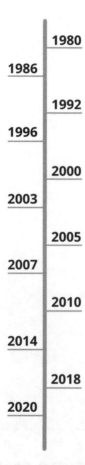

Vou deixar um espaço na próxima página para você construir o seu *roadmap*, a sua linha do tempo.

INTELIGÊNCIA EMOCIONAL

Agora vamos falar sobre inteligência emocional, assunto fundamental para quem deseja destravar e sair do rascunho. Somente por meio dela é possível reconhecermos nossas crenças, nossos medos, os padrões comportamentais que nos travam e, assim, acionar as ferramentas para mudar o jogo.

Segundo Susan David, autora de *Agilidade emocional:*

> TER AGILIDADE EMOCIONAL SIGNIFICA ESTAR CONSCIENTE DE TODAS AS SUAS EMOÇÕES E ACEITÁ-LAS, ATÉ MESMO APRENDENDO COM AS MAIS DIFÍCEIS. SIGNIFICA TAMBÉM IR ALÉM DAS REAÇÕES COGNITIVAS E EMOCIONAIS CONDI-

CIONADAS OU PRÉ-PROGRAMADAS (SEUS GANCHOS) PARA VIVER NO MOMENTO, COM UMA INTERPRETAÇÃO CLARA DAS CIRCUNSTÂNCIAS VIVIDAS NAQUELA SITUAÇÃO, REAGIR DE MODO APROPRIADO E DEPOIS AGIR EM HARMONIA COM SEUS VALORES MAIS PROFUNDOS.[1]

Você pode estar se perguntando: "Como saber se tenho inteligência emocional?". Existem comportamentos e atitudes comuns às pessoas que possuem um bom nível de inteligência emocional. Seguem alguns deles.

- » Saber descrever as emoções de forma clara é uma qualidade rara e que faz toda a diferença para quem a possui e para quem convive com uma pessoa inteligente emocionalmente. Afinal, é muito mais fácil lidar com sentimentos e sensações se você sabe exatamente quais são.
- » Conhecer e aceitar o seu lado mais frágil e as suas vulnerabilidades torna você mais capaz de lidar com suas emoções de modo consciente. É o que possibilita a melhora desses pontos com o tempo.
- » Ter empatia o suficiente para saber identificar e interpretar sentimentos, intenções e motivações dos outros faz de você uma pessoa mais justa e ponderada, além de mais inteligente emocionalmente.
- » Não se ofender por qualquer coisa é uma habilidade diretamente ligada ao nível de autoconfiança da pessoa, o que a faz relevar muita coisa. Não porque ela gosta de "engolir sapos", mas, sim, porque essas coisas não a atingem emocionalmente. Acima de tudo, é uma questão de exercitar essa competência fortalecendo a mente todo santo dia.
- » Saber dizer não. É impossível existir inteligência emocional com sobrecarga de atividades e pesos mentais. Portanto, dizer "não" para as coisas certas é fundamental para a sua

---

1 DAVID, S. **Agilidade emocional**: abra sua mente, aceite as mudanças e prospere no trabalho e na vida. São Paulo: Cultrix, 2018. p. 50.

saúde física e mental. Aprenda o quanto antes. Como sempre falo, você não precisa agradar todo mundo o tempo todo.

» Saber se perdoar: parar de viver no "e se". Remoer o passado e os erros cometidos só faz andar para trás. Em outras palavras, essa atitude não gera aprendizado, só sofrimento desnecessário porque você não pode mudar nada do que já passou. Entretanto, não precisa esquecer o passado, apenas encará-lo com um olhar de aprendizado e experiência. Você fez o que pôde com o que sabia na época. Pense nisso.

» Saber perdoar. Perdoar não é uma tarefa fácil, eu sei, mas não existe outro jeito para evoluir e prosperar na vida. Guardar mágoas, além de fazer mal à saúde física, causa danos enormes à saúde psicológica. Portanto, faça o que for preciso para sair dessa armadilha.

» Ser generoso. Generosidade tem tudo a ver com inteligência emocional. No momento em que você consegue ajudar o outro sem esperar nada em troca, ou pensar no outro de forma espontânea, você constrói relacionamentos fortes e verdadeiros.

» Aprender a lidar com pessoas difíceis. Cedo ou tarde, você vai precisar lidar com pessoas difíceis na sua vida. O indivíduo que consegue lidar bem com elas é aquele que identifica os próprios sentimentos diante delas, respeita o outro lado e consegue achar soluções para todas as partes. Tudo isso sem se descontrolar e criar um clima desagradável.

» Saber lidar com desafios. Pessoas inteligentes emocionalmente não buscam a perfeição, afinal, é algo que não existe, e lidam com os desafios como desafios e não como problemas insuperáveis. Assim como as pessoas difíceis, os problemas aparecem, querendo ou não. Portanto, saber lidar com eles é um traço forte da inteligência emocional.

Conseguiu se identificar com algumas dessas características? Se você viu que não possui muitas delas, não se preocupe, o mais importante é tomar consciência e procurar trabalhar cada uma delas no seu tempo.

CRENÇAS

Ao longo dos capítulos anteriores, falei sobre crenças para embasar algumas experiências e aprendizados mostrados até então. Mas, aqui, vou apresentá-las com todos os detalhes que o tema merece. Segundo Tony Robbins, em seu famoso livro *Poder sem limites*,[2] a crença é uma das características fundamentais de caráter que as pessoas bem-sucedidas cultivam dentro de si. Ele acredita que as crenças sobre o que somos e o que podemos ser influenciam diretamente no que seremos, ou seja, na nossa realidade.

Não há dúvida de que ficamos travados por causa dos limites em que acreditamos. A mesma lógica vale para a crença de que tudo é possível; se acreditarmos nisso, não teremos limites. Por exemplo, muitas pessoas são impetuosas, mas, devido às suas crenças sobre quem são e o que podem fazer, nunca agem para realizar seus sonhos. Por outro lado, pessoas bem-sucedidas sabem o que querem e acreditam que conseguirão o que almejam.

A crença é como um comando que enviamos ao nosso cérebro, delimitando o que podemos ou não fazer ou conseguir. Robbins cita John Stuart Mill, que afirmava: "uma pessoa com uma crença é igual à força de noventa e nove que só têm interesses"[3]. Quando acreditamos que algo é verdade, enviamos para o nosso cérebro a mensagem de que aquilo é mesmo verdade e encaramos a situação como tal.

Mas como surgem as crenças? Não é do nada nem aleatoriamente. Elas são construídas desde a infância por meio de tudo o que você escutou, viu, aprendeu, registrou e sentiu. Ainda segundo Robbins, a primeira fonte de crenças é o ambiente. O autor nos traz o exemplo de lugares mais pobres. Se tudo com o que se tem contato é fracasso, pobreza e desespero, é um processo árduo formar representações internas que contribuam para o sucesso. Por outro lado, se o

---

2 ROBBINS, T. **Poder sem limites**: a nova ciência do sucesso pessoal. Rio de Janeiro: BestSeller, 2017.
3 *Idem*. p. 65.

contato for com o bem-estar e o êxito, você pode moldar o mesmo ambiente com menos dificuldade.

Nossa mente é programada para agir de determinada forma. Se não refletimos, não mudamos a programação. Não é questão de se revoltar com o mundo por causa disso, e sim de decidir o que você quer ressignificar a partir de agora. Mas, antes, é preciso tomar consciência do que foi recebido até aqui. Uma mente limpa em evolução vai recebendo ao longo da trajetória o que ela deve fazer, pensar e acreditar. Comunicamos e compartilhamos o que recebemos ao longo da vida. Temos experiências, convivências, temos nossa família, escola, amigos, colegas. Em ambientes tão diversos, muitos preceitos também acabam sendo absorvidos.

Uma das crenças mais fortes que absorvi na vida foi a do meu avô. Ouvi dele que devemos trabalhar muito e guardar o dinheiro para quando precisarmos, no caso de ficarmos doentes. Um dia a saúde iria chamar e foi exatamente o que aconteceu com ele quando teve um AVC aos 50 anos. Assim como o meu avô, você pode acreditar e tornar isso uma crença, mesmo não querendo isso para a sua vida. A "maldição" não precisa passar de geração em geração.

Eu penso, logo sinto e, quando sinto, instalo novas crenças. E as crenças acontecem. Elas entram na vida em uma velocidade extraordinária. Por exemplo, muita gente não se acha merecedor do retorno financeiro por aquilo que realiza e entrega. Tudo o que não permitimos não entra na nossa vida. Portanto, fale com quem você convive sobre o que vocês acreditam em relação ao dinheiro. Dessa forma, descobrirá as crenças que permeiam a sua família e que estão determinando os seus resultados. Pois nossa mente é capaz de nos sabotar em benefício daquilo em que acreditamos, muitas vezes fazendo com que tenhamos comportamentos nocivos a nós mesmos, permanecendo, assim, com resultados ruins. Isso só é possível mudar se identificarmos nossas crenças.

Seus pensamentos nascem no ambiente em que você está inserido, determinam o que você sente e influenciam a sua comunicação.

O que sai da sua boca se transforma em comportamentos e ações que impactam a sua vida e os seus resultados. Existe uma fórmula de que gosto muito: **eu penso, sinto, compartilho e instalo o que acredito na minha vida.** Então, observe seus resultados e compreenda o que está acontecendo.

CÍRCULO DE FORMAÇÃO DA CRENÇA

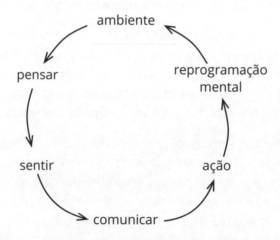

CRENÇAS QUE BLOQUEIAM O SEU CRESCIMENTO

Existem crenças que são como bombas escondidas que vão minando o terreno da sua vida e de seus sonhos. Aí você vai vivendo com medo de pisar nelas, e sabe o que acontece? Você fica onde está, aí mesmo, parado. Afinal, o medo consegue paralisar qualquer um, você não é o único. Um medo que vem das crenças que limitam a vida e matam os sonhos, como poucas coisas conseguem.

Calma, a sua vida pode estar cheia dessas bombas, mas a boa notícia é que você pode ressignificar cada uma delas. Já aviso que não é fácil e nem rápido, mas é libertador e, quanto antes iniciar o processo, mais cedo você aprenderá a lidar com elas e a instalar novas crenças.

Separei algumas dessas crenças para você reconhecer, criar mecanismos para amenizar o impacto e aprender a lidar com elas.

1. Não sou tão bom assim. A famosa síndrome do impostor faz estragos na vida de muitos profissionais. Ela chega como quem não quer nada e consegue fazer com que você mesmo ative essa bomba.

Costumo ouvir de profissionais renomados no mercado frases do tipo: "Não sou tão bom assim como acham que sou", "Tenho medo de não dar conta", "E se descobrirem que eu não sei tanto assim?".

Para sair dessa armadilha, pense em cada desafio que você já venceu, na força que teve para dar a volta por cima tantas e tantas vezes, nas coisas positivas que já ouviu falarem sobre você e muna-se dessas armas para contra-argumentar consigo mesmo quando a síndrome do impostor atacar. Você é mais forte do que ela, tenho certeza.

2. Não nasci para isso. Quem nunca disse essa frase quando as coisas ficaram difíceis demais que atire a primeira pedra. Essa crença é uma das mais perigosas porque simplesmente define os limites da sua vida. É como se ela avisasse: "Você pode chegar até aqui porque para ir mais adiante você não serve". "Pode sonhar até aqui porque você não tem capacidade para as próximas etapas do jogo." "Você só pode ser isso porque não nasceu para aquilo." A lista é gigante, cuidado.

Mas não se convença disso, afinal, na sua certidão de nascimento não consta o caminho que você deveria traçar e um carimbo dizendo qual profissão você teria e até onde poderia chegar. Ponha isto na sua cabeça de uma vez por todas: você nasceu para ser feliz e para viver da melhor forma possível. Você tem todas as condições e ferramentas, basta querer e agir.

3. Deve ter um jeito mais fácil. Ah, os atalhos! Tão tentadores quanto perigosos. Existem por aí várias fórmulas e caminhos já trilhados sendo vendidos como uma solução-padrão para quem quer chegar a um resultado específico. Tudo lindo e fácil, não parece?

A impressão é a de que basta criar um produto digital para nunca mais trabalhar na vida. É só começar a criar conteúdo que você venderá como água da noite para o dia. Basta fazer alguns vídeos que você será um influenciador com milhares de seguidores. Eu também gostaria que tudo isso fosse verdade, me pouparia o trabalho que tenho todo santo dia para manter o meu negócio, mas as coisas não funcionam assim na prática.

Não existe um único jeito de fazer as coisas. O que você precisa buscar é o seu próprio jeito. Hoje em dia o que mais falta é gente de verdade, não se vê a essência aparecendo nas marcas. Parecem todos robôs programados pela mesma pessoa. O que existe é inspiração, aprendizados, trocas, mas não um guia definitivo para alguma coisa.

4. Ter dinheiro só traz problemas. Muito cuidado com as crenças relacionadas ao dinheiro. Elas vêm lá da infância e estão impregnadas em tudo o que você acredita quanto a ter sucesso na vida. Vou falar de algumas e tenho certeza de que você vai se identificar com pelo menos uma delas: "dinheiro é sujo", "dinheiro não dá em árvore", "dinheiro não traz felicidade", "não se pode ter tudo na vida" etc.

O primeiro passo é tomar consciência de que essas crenças existem para, assim, poder agir quando elas passarem pela sua cabeça de novo. Substitua essas crenças por novas e, com o tempo, você vai mudar o seu mindset de vez.

Não se culpe por querer ou por ter mais dinheiro do que os outros. No nosso país, existe a cultura de que é feio ter dinheiro. Não estou falando que você não deve ajudar quem precisa, pois você deve. No entanto, acredito que você tem todo o direito de querer conquistar um nível de vida melhor, se esse for o seu objetivo. Ter dinheiro não significa usar os outros como degraus, passar a perna ou enganar todo mundo. É dessa crença que você precisa se livrar.

5. Se eu crescer, vou ter muito mais trabalho. Só quem fica parado no mesmo lugar é que consegue manter tudo sob controle, sempre do mesmo jeito e com os mesmos resultados. Mas quem evolui e quer atingir o próximo nível da carreira sabe que vai ter mais trabalho, sim, contudo, também vai obter resultados melhores e impactar muitas vidas com o que faz.

Ter mais trabalho não significa que você terá que fazer tudo sozinho, mas terá que saber gerenciar tudo isso. E quem disse que isso não se aprende? Crenças desse gênero só atrapalham.

6. Tudo tem que passar por mim. Centralizar as decisões e tarefas pode parecer o mais fácil e certo a se fazer, mas não é. A não ser que você queira viver dentro de limites para todo o sempre. Essa crença nada mais é do que não querer enxergar que você precisa delegar e escolher bem seus parceiros e colaboradores.

É preciso confiar nas pessoas e na sua capacidade de liderar, saber cobrar e recompensar na medida certa, inspirar e não só motivar. Eu sei, dá trabalho, mas garanto que bem menos do que centralizar tudo em você. Pense nisso.

7. Já estou velho para querer mais. Existem vários casos de grandes negócios que começaram com idealizadores já idosos, como você já deve saber. A idade traz sabedoria e um olhar para o que realmente importa na vida. Quer coisa melhor do que isso para sonhar e realizar? Então aproveite as vantagens da sua idade para não só querer mais como também para realizar mais.

8. Não gosto de ficar me promovendo. Muita gente tem vergonha de aparecer e trazer o seu negócio para os holofotes porque podem dizer por aí que a pessoa está se promovendo. E daí? Qual é o problema de se promover, de querer vender o que oferece, de ser reconhecido no seu mercado?

Hoje, se preocupar com o seu marketing e a imagem é uma questão de sobrevivência. O que não dá é ficar escondido esperando os clientes e os resultados caírem do céu.

9. É impossível equilibrar vida pessoal e profissional. Isso é o que vendem como verdade por aí. Eu mesma já acreditei nisso, afinal, não é nada fácil construir esse equilíbrio. Exige autoconhecimento, disciplina, bons relacionamentos, posicionamento e prioridades claras. A base precisa estar sólida para que essa construção seja forte e duradoura.

É possível, sim, balancear vida pessoal e profissional, respeitando as prioridades de cada momento. Até porque, como você já deve ter reparado, é impossível ser feliz focando somente uma esfera.

Seja qual for a sua realidade no momento, você, querendo ou não, tendo consciência ou não, está seguindo padrões comportamentais e crenças absorvidos como seus ao longo da sua jornada. Por exemplo, às vezes, parece que você não sai do lugar mesmo se dedicando e fazendo diferente. Isso acontece porque, além do consciente, existe o inconsciente que influencia as suas decisões, os seus pensamentos e os seus sentimentos. Mas não pense que você não pode fazer nada a respeito disso. Pelo contrário, só você pode mudar a situação. O primeiro passo é identificar e honrar tudo o que aconteceu com você até aqui. Depois, é preciso ressignificar algumas experiências negativas, aceitar, perdoar a si mesmo pelas coisas que você não fez, além de perdoar as pessoas envolvidas.

Lembre-se de que você não muda o que aconteceu na sua vida, muito menos as pessoas, mas tudo isso que você viveu pode torná-lo melhor a partir de agora. Porém, se você continua culpando a si mesmo e aos outros, você pode não sair do lugar, ou, o que é pior, pode descer cada vez mais para o fundo do poço.

Como a minha intenção é ajudá-lo a despertar e a destravar, não vou ficar aqui "puxando a sua orelha". Em vez disso, quero lhe mostrar um caminho para entrar e continuar nesse processo de evolução. Mergulhe no seu autoconhecimento, na expansão da consciência, valorize todo esse movimento, tenha em mente que é um processo e que cada passo conta.

Ao contrário do que muita gente pensa, as crenças não são estáticas e eternas, não são uma maldição que você deve carregar para sempre. Crença é uma questão de escolha e pode ser desenvolvida. Por isso, lhe deixo a tarefa de listar as crenças que você acredita que estejam guiando a sua vida e as novas crenças que quer implantar.

EXERCÍCIO: DESTRAVE SUAS CRENÇAS

Vou deixar aqui uma lista de crenças limitantes. Leia atentamente cada uma delas e marque com um "x" aquelas que você sabe que são suas. Se lembrar de outras crenças, escreva-as também.

Não sou tão bom assim.	( )
Não nasci para isso.	( )
Deve ter um jeito mais fácil.	( )
Ter dinheiro só traz problemas e brigas.	( )
Se eu crescer profissionalmente, terei muito mais trabalho.	( )
Tudo tem que passar por mim.	( )
Já estou velho para querer mais.	( )
Sou muito novo para querer tudo isso.	( )
Quem se promove é porque quer aparecer.	( )
É impossível equilibrar vida pessoal e profissional.	( )
Se tiver sucesso profissional, terei que abdicar da minha família.	( )
Não sei o que quero da vida.	( )
Sempre faço as escolhas erradas.	( )
Não tenho perfil de líder.	( )
É sempre tudo difícil na minha vida.	( )
Tudo o que é bom dura pouco.	( )
Dinheiro fácil vai fácil.	( )

_____

_____

_____

_____

_____

COMO SE LIVRAR DESSAS CRENÇAS, AFINAL? É POSSÍVEL?

Cada uma de nossas escolhas é influenciada pelas nossas crenças, memórias, aprendizados, vivências e experiências. Para evoluirmos no processo, precisamos criar novas crenças e novas memórias. Afinal, não podemos passar uma borracha em tudo, fingindo que superamos. É preciso ressignificar, transformar o que levamos conosco. Até o final deste capítulo, todas essas reflexões vão permitir que você construa a sua técnica que o ajudará a se libertar do que o impede de ir adiante, a instalar novas crenças e a construir primeiro na mente a sua realidade externa.

É importante se conscientizar e reconhecer o que pode fragilizar as suas decisões, entender que você não pode apagar o seu passado nem tudo o que aprendeu ao longo da sua jornada. Entretanto, você pode tomar a decisão em relação ao impacto que tudo vai continuar tendo na sua vida. A partir daí você conseguirá criar uma margem segura com os gatilhos que ativam suas crenças limitantes e saberá o que fazer quando elas se manifestarem.

Os padrões comportamentais despertados pelas suas crenças desenvolvem seus medos e julgamentos, ganhando ainda mais força ao longo da sua trajetória. Vou abordar cada um deles agora para que você possa reconhecer os seus e agir de maneira diferente para evoluir.

MEDOS

Os medos nascem das crenças, das experiências de vida, de padrões comportamentais que você vem adquirindo desde a infância. No meu caso, alguns medos que me acompanharam por muito tempo foram de as coisas não darem certo, de eu não ter condições financeiras para fazer o que quisesse. Hoje, felizmente, consigo concentrar-me nos meus objetivos, nos ganhos, e não na escassez.

O medo pode paralisar ou adiar o seu sucesso. Quanto mais você se conectar com o medo que sente, mais fácil será, entender, ressignificar e buscar o que está se propondo. Vou compartilhar aqui alguns medos que o ser humano costuma sentir e que, ao vencê-los, começa a construir resultados diferentes.

O primeiro é o medo do julgamento, do que o outro vai pensar, do que as pessoas ao seu redor falarão em relação ao que você está propondo, fazendo, conduzindo, entregando, a como você está se comportando e se relacionando. Eu mesma vivi esse medo do julgamento no início. Como eu ligaria a câmera e enfrentaria o julgamento das pessoas sobre o que eu iria fazer? E hoje estamos aqui tendo essa troca linda por meio deste livro. Mas, para que isso fosse possível, tive que ir além do meu medo com autoconsciência, afinal, como conseguiria realizar meu sonho se as pessoas não sabiam quem eu era? Porém, quando liguei a câmera, as minhas crenças vieram – uma delas era a minha mãe me falando o que os outros iriam pensar. Percebi que eu precisava construir a minha jornada sem tentar agradar a todos. Comecei a pensar que eu iria falar com quem queria me ouvir.

Muita gente deixa de entregar o seu melhor e de buscar resultados extraordinários pelo medo do que o outro pensará, por medo de ser julgada. Ninguém consegue agradar a todos, portanto, pense que você pode falar para quem quer ouvi-lo, estar com quem deseja estar junto de você e que alguém vai precisar do que você tem a oferecer. Enfrentando o medo, os resultados acontecem, pois estará focado no que mais importa: o que você tem para fazer.

"

Você não precisa da aprovação dos outros
para ter uma vida de realização e prosperidade.

Você precisa estar firme no seu objetivo para não cair na armadilha do julgamento. Já aviso que não ficará imune a ele, afinal, você é humano. Vai sentir o baque, talvez fique chateado na hora, mas saberá como lidar para ele não virar uma trava na sua vida. Existe um argumento que você pode acessar nesse caso: quando o outro o julga, ele enxerga mais dele do que de você. Ou seja, o que ele critica diz mais sobre ele, mesmo não tendo consciência disso.

Quando você destrava e começa a sair do caminho da manada, do padrão que a maioria segue, as pessoas começam a olhá-lo diferente, ou melhor ainda, passam, enfim, a enxergá-lo. Nesse momento, a dor que você quer sentir – o seu medo – deve estar bem clara. Sabe por quê? Quando você sentir a dor, os comandos cerebrais já avisam que ela faz parte do seu jogo, que você não deve parar, que, ao senti-la, você estará avançando rumo ao seu objetivo. Dessa maneira, você saberá com o que está lidando e terá menos riscos de paralisar.

Quando falo que precisamos escolher as dores que queremos sentir, me refiro a isso, e, concordando ou não, você pode ser criticado em algum momento. Você não concorda, mas será apontado. A interpretação do outro carrega os seus valores pessoais, fala com o que está no coração da pessoa ou sobre aquilo que ela não tem coragem de fazer. Se para você isso é importante, assuma que quando se sentir "acusado" por determinadas atitudes, são dores que você decidiu enfrentar no seu processo de crescimento ou que você precisa mudar.

Se esse processo doer demais, entenda o que você precisa desenvolver, afinal, você pode estar enxergando por meio do outro o que lá no fundo sabe que precisa melhorar em você.

O segundo medo é o que falarão se não der certo. Se não der certo, você teve uma oportunidade, viveu uma experiência, um grande aprendizado que contribuirá para que você avance ao próximo nível. Arrisque-se, não deixe que as oportunidades passem, não se prenda ao pensamento de que pode não dar certo, busque todos os recursos, estratégias, entregue-se, pois, se não der certo, você fez a parte que lhe cabia, que era tentar.

Muitas pessoas têm medo de mostrar para os outros suas ideias e projetos e depois eles acabarem não dando certo. Você não precisa abrir toda a sua vida para todo mundo, mas também não pode se esconder atrás desse medo de se expor. Você precisa se posicionar e enfrentar a crença limitante de que, se você está compartilhando e expondo, está querendo aparecer. Dê o seu melhor para as pessoas, alguém necessita disso. Vença esse medo. O mundo precisa saber quem você é e o que de melhor tem a oferecer.

Avalie se o seu medo de perder é maior do que o seu desejo de ganhar. Muitas pessoas trabalham intensamente para garantir aquilo que já possuem e não para buscar o que idealizam e sonham, pois não querem correr riscos. Precisam ter garantias e, por isso, vivem dia após dia da mesma maneira e com os mesmos resultados. Nascem, aprendem e seguem fazendo igual por pensarem que não se mexe em time que está ganhando.

A descoberta de quais são os seus medos pode doer, e muito, mas você nunca está sozinho. Existem profissionais que podem ajudá-lo nessa missão, como os psicólogos, por exemplo. Mesmo que doa, não desista de evoluir. Com o tempo, vai doer cada vez menos.

Portanto, avalie como estão esses medos na sua vida, o que você está se propondo a fazer e o quanto eles podem estar paralisando o seu resultado. Entre em ação, não deixe para amanhã. Você merece um resultado diferenciado e estar entre os melhores, mas, para isso, as pessoas precisam conhecer você.

Enfrentamos o medo em primeiro lugar tomando consciência de onde ele vem, depois buscando os recursos necessários para aliviar os sintomas que se mostram presentes, sempre com autoconhecimento e conhecimento para lapidar nossos comportamentos.

Transforme o medo em um acelerador da sua prosperidade. É uma questão de treino mesmo, não é natural. O "normal" é vivermos de acordo com esses medos. Se você não aprende a lidar com eles, eles influenciam suas decisões, sua forma de fazer as coisas, ou o deixam paralisado. Cabe a você reconhecer e se comprometer com o processo de mudança. Tenha claro que você não pode eliminar os medos, mas pode aprender a lidar com eles de uma forma mais leve, sem ficar paralisado.

INVEJA

Outro padrão comportamental que você deve observar na sua vida é a inveja. Ela aparece em pensamentos e comentários destrutivos sobre o que o outro tem, o que conquistou e o que realiza. A inveja tira o seu foco, distrai do seu resultado e o afasta do seu objetivo. A princípio, pode até parecer que esse sentimento alivia as suas frustrações, mas o que ele faz é gerar ainda mais ansiedade e justificativas para o que você não tem e não realiza.

Assim como os outros padrões comportamentais, não existe uma fórmula mágica para evitar a inveja. O que existe é a tomada de consciência, a vontade de mudar e a ação para transformar o mindset.

O primeiro passo para se livrar dela é valorizar tudo e todos que você tem na vida, mesmo que não seja o que idealizou. O exercício da gratidão ajuda nesse processo, porque, à medida que você valoriza a sua vida parando de menosprezar o que tem, você deixa de focar o outro. Portanto, a dica é: aceite a sua realidade e transforme--a com amor e dedicação nas suas tarefas diárias.

Agora que já mostrei alguns padrões comportamentais que podem estar travando a sua vida, vou começar a abordar as técnicas para você começar a despertar e a destravar.

COMO INSTALAR NOVAS CRENÇAS DE CAPACIDADE, MERECIMENTO E PODER

Falei até agora sobre o que o impede, mas minha missão é também mostrar o que o levará ao próximo nível. O que pode contribuir para que você construa um resultado diferenciado, um caminho de riqueza, oportunidades e retorno financeiro. Vamos lá!

Para conseguir se livrar das velhas crenças que atrapalham a sua vida, é fundamental primeiro reconhecer aquelas que você possui. Para ressignificá-las, é preciso compreender onde nasceram, aceitar que essa era a sua realidade, que as pessoas e o ambiente em que você estava inserido ofereceram o que eram capazes. Entretanto, o que você fará ao tomar consciência e compreender tudo isso é responsabilidade sua. Em vez de utilizar o mecanismo de culpa para se defender dos seus pontos fracos, você pode praticar a aceitação e o perdão, afinal, quando não buscamos o autoconhecimento, quando somos ignorantes frente ao poder das emoções na nossa vida, o que fazemos é somente reagir. Nosso corpo age e reage ao que recebe sem questionar. O que eu quero dizer é que neste momento você não está mais ignorante em relação às suas crenças limitantes, e isso já é um avanço.

Você foi provocado, já pode reconhecer quais são as suas crenças e está aqui aprendendo sobre si mesmo e sobre tudo o que pode impedir, travar e bloquear seus atos. Você já é capaz de compreender o funcionamento da sua mente e entende que tem a capacidade de tomar a decisão de reprogramá-la e treiná-la para receber novas crenças de identidade, capacidade e merecimento. Você descobriu o poder interno que tem quanto às suas decisões, comportamentos e atitudes e como tudo isso influencia nos resultados que você alcança na vida.

Desconheço o autor desta frase, mas ela define bem o que eu disse até agora: **"Eu sou, eu posso, eu mereço!"**.

Você pode decidir em quem não quer mais acreditar e com o que vai substituir essa crença. Por exemplo: "Eu mereço, pois estudo, me dedico, presto atenção no que está acontecendo". Se você é, você pode. Pode escolher transformar seu resultado, fazer o que quiser, se estiver no controle da sua mente.

A partir de agora, vou apresentar duas técnicas que vão auxiliá-lo na reprogramação das crenças e a treinar o seu cérebro com disciplina para que ele se fortaleça com novas programações, para que ele passe a acreditar em novas formas de pensar, sentir, fazer e agir que podem ser despertadas dentro de você – a visualização do seu futuro e as autoafirmações e mantras. Pratique e cumpra a missão de instalar novas crenças impulsionadoras.

VISUALIZE SEU FUTURO – ENSAIO MENTAL

Ensaio mental nada mais é do que ensaiar na sua cabeça o que você quer que aconteça na sua vida. É uma prática útil para se preparar para reuniões, entrevistas ou apresentações, além de ser fantástica para visualizar seus sonhos acontecendo. Você pode ensaiar mentalmente uma série de coisas e situações: as etapas de cada projeto, as interações com as pessoas (equipe e público), os novos hábitos que quer instalar na sua rotina, cada um dos seus sonhos realizados, os resultados que deseja. Enfim, as possibilidades são infinitas.

Segundo Napoleon Hill, no livro *Quem pensa enriquece*,[4] é possível ver, sentir, experimentar antes o que você fará depois começando com o objetivo na mente. Você pode fazer isso em qualquer área

---

4 HILL, N. **Quem pensa enriquece**. Curitiba: Fundamento, 2009. p. 40.

de sua vida. Antes de uma performance, como uma demonstração de vendas, um confronto difícil ou o desafio diário de atingir uma meta, tente visualizar isso intensa, clara e incansavelmente, repetidas vezes. Crie uma "zona confortável" interna. Depois, quando você experimentar a situação, ela não será mais estranha, não o assustará. Todos os que acumularam grandes fortunas tiveram, primeiro, sonhos, esperanças, vontades, desejos e planos.

Joe Dispenza, médico estadunidense, neurocientista, professor, pesquisador e autor de *Quebrando o hábito de ser você mesmo*[5] e de *Você é o placebo*,[6] entre outros, em entrevista a Wallace Lima em 15 de outubro de 2020,[7] aprofunda o tema e afirma que, para mudar e criar uma nova realidade, a pessoa deve estar no momento presente e se dissociar de tudo o que é conhecido em sua vida. Imaginando uma nova realidade e vivendo a emoção antes da experiência real, você consegue muito mais do que criar essa realidade ideal, você é capaz de mudar seu corpo biologicamente. Por isso, não se pode esperar pela cura para se sentir grato nem se pode esperar pela nova carreira para se sentir realizado. É apenas causa e efeito. O objetivo é causar um efeito, aquele que desejamos.

Conforme Dispenza, é possível mudar a forma como a pessoa pensa e sente se ela combina uma intenção clara com uma emoção elevada, memorizando como esse sentimento ressoa no futuro. Assim, ela é capaz de viver hoje na energia do seu futuro e, a partir daí, pode começar a ver a sua vida mudar.

O ensaio mental faz parte da minha vida há mais de dez anos. É uma ferramenta que traz clareza, foco e que já testei com muitas pessoas que me agradecem até hoje por tê-la apresentado a elas. O ensaio mental ajuda a processar a dinâmica das tarefas e de um projeto.

---

5 DISPENZA, J. **Quebrando o hábito de ser você mesmo**. Porto Alegre: Citadel, 2018.
6 DISPENZA, J. **Você é o placebo**. Porto Alegre: Citadel, 2020.
7 WALLACE LIMA. **Entrevista com dr. Joe Dispenza**. 15 out. 2020. Facebook: drquantico. Disponível em: https://www.facebook.com/drquantico/videos/382010989841077/?vh=e. Acesso em: 29 jun. 2021.

A prática de visualizar o futuro, parte do exercício do ensaio mental, o ajuda a reconhecer e a instalar novas crenças. Esse movimento é essencial para despertar suas crenças fortalecedoras. Você precisa de novos comandos para os seus pensamentos, para reprogramar o seu cérebro. Essas ferramentas têm o poder de mudar a realidade.

Após traçar a sua linha do tempo no *roadmap*, você chegou ao presente. Agora é o momento de planejar aonde quer ir. Enxergue seu futuro daqui a cinco anos. Vamos lá. O resultado começa a ser construído primeiro na imaginação. Permita-se visualizar a vida que sonha em ter, permita-se ser audacioso, generoso consigo mesmo e com as pessoas que ama. Não freie as possibilidades na sua imaginação, dê asas ao poder da sua mente ao imaginar uma realidade repleta de bons momentos, realizações, reconhecimento e resultado próspero.

EXERCÍCIO: DESTRAVE SEU FUTURO

Imagine-se no futuro. Visualize os detalhes da sua rotina. Você precisa permitir que seu cérebro veja claramente o que você quer realizar.

Como você estará?

_____

_____

_____

Como se sentirá?

_____

_____

_____

O que estará fazendo?

_____

_____

_____

O que já terá conquistado?

_____

_____

_____

Como será a sua vida pessoal e profissional?

_____

_____

_____

Aqui começam a se fortalecer as novas crenças. Você está dando os primeiros comandos que permitem estimular pensamentos positivos e fortalecedores. Eles precisam estar atrelados às ações que você realiza diariamente para que seu cérebro acredite que o seu mantra e suas afirmações positivas para o futuro estejam alinhados e lhe proporcionem o resultado que você está buscando.

Convido você a pensar em crenças de identidade, poder e merecimento. Complete a seguinte sequência. Escreva até internalizar e deixe à vista na sua mesa, no seu carro e no seu computador. Treine seu cérebro para acreditar. Comprometa-se com atitudes diárias que provarão que sua dedicação o levará ao resultado que deseja.

> O medo pode paralisar ou adiar o seu sucesso. Quanto mais você se conectar com o medo que sente, mais fácil será entender, ressignificar e buscar o que está se propondo.

———

PRATIQUE AS AUTOAFIRMAÇÕES E OS MANTRAS

As autoafirmações e os mantras complementam o *roadmap* – quando você enxerga a sua linha do tempo até o presente – e a visualização do seu futuro – quando você intenciona o que deseja viver em um futuro próximo. As autoafirmações e os mantras servem para fortalecer seu compromisso diário com as ações e ajudar a criar novas crenças fortalecedoras. É uma ferramenta para manter-se forte e focado diante dos desafios que vão se apresentando (não dá para evitar ou fugir deles), ajudando você a reagir mais rapidamente aos acontecimentos.

Para exemplificar, vou deixar aqui algumas autoafirmações e estímulos para você treinar o seu cérebro a gerar novos pensamentos, sentimentos e resultados. Leia e crie as suas próprias afirmações. Lembre-se de que elas precisam combinar com seus objetivos e com a pessoa que você acredita que pode ser.

» Vejo, ouço, sinto, liberto-me do passado para focar o presente, estou aberto à prosperidade, a crescer e a realizar.
» Tenho um excelente resultado e sou merecedor de tudo o que está acontecendo na minha vida.

- » Sou sucesso, abundância e realização. Boas oportunidades fazem parte da minha vida todos os dias.
- » Eu me comprometo com as ações que precisam ser feitas e quem eu sou transformará meus resultados.
- » Sou feliz, saudável, tenho uma família maravilhosa.
- » Faço as coisas com amor e dedicação.
- » Ressignifico minhas dores e perdas.
- » Mereço ser transformado e sou transformação.
- » Posso fazer o que eu determinar.
- » Sou comprometido e bem-sucedido.
- » Valorizo a minha essência e cresço aprendendo e compartilhando.
- » Posso ter o que eu quiser.
- » Sou grato a tudo o que tenho.
- » Permito que o dinheiro entre e enriqueça a minha vida.
- » Mereço, evoluo e quem está perto de mim só crescerá.
- » Sou um ímã para oportunidades e para uma vida extraordinária.
- » Sou paz e tranquilidade.
- » Transformo a minha vida e a vida de outras pessoas.
- » Sou gratidão, sou eu por dentro e por fora.
- » Realizo, faço acontecer, sou fonte de inspiração, transformação e abundância.
- » Intenciono um futuro de infinitas e engrandecedoras possibilidades. Um futuro de riqueza e de muita prosperidade.
- » Sou um instrumento para as pessoas mudarem a vida para melhor.
- » Mereço meus sonhos, minha vida e minha família.
- » Minha capacidade de realização atrairá o resultado financeiro que eu decidir.

Agora é a sua vez. Não deixe para criar o seu mantra depois. Crie agora mesmo. Pegue o exemplo acima e faça o seu, com o que você acredita que pode ser e conquistar.

Eu sou...

_____

_____

_____

Eu posso...

_____

_____

_____

Eu transformo...

_____

_____

_____

Eu me sinto...

_____

_____

_____

Eu tenho...

_____

_____

_____

Eu vou conquistar...

_____

_____

_____

Eu mereço...

_____

_____

_____

Veja esse exercício como uma tarefa diária. Para facilitar que ele entre na sua rotina como um hábito, escolha um horário do dia que seja mais tranquilo, sem companhia e interferências, e dedique-se a ler em voz alta o seu mantra e suas afirmações positivas.

Além das autoafirmações e dos mantras, incorpore atitudes no seu dia a dia que fortaleçam o seu desejo de prosperar. Afinal, não adianta intencionar se você não agir na direção do que deseja para a sua vida. Comprometa-se diariamente em manter os seus pensamentos guiados para isso.

Uma técnica que uso e faço questão de compartilhar com você neste momento é a seguinte. Como o cérebro está acostumado com o próprio funcionamento, quase que no piloto automático, no momento em que você começa a dar novos comandos como os provocados por este livro, ele pode boicotá-lo, afinal, você o está tirando do funcionamento normal e isso dá trabalho. Para evitar essa situação, a dica é: coloque um alarme no seu relógio ou celular para que se lembre de tudo o que está se propondo a fazer, principalmente naqueles exercícios que envolvem ações diárias. Dessa forma, você se lembra do que precisa ser feito e força a entrada em ação com disciplina.

O *roadmap*, juntamente com as técnicas para instalar novas crenças de capacidade, merecimento e poder – visualização do seu futuro e autoafirmações e mantras –, são capazes de ajudá-lo a destravar seu emocional porque restabelecem o equilíbrio da base da sua vida, da fundação da sua casa. Isso acontece porque essas ferramentas o fazem enxergar a tríade – passado, presente e futuro –, mostrando de onde você veio e o que absorveu até aqui, onde você está e aonde quer ir.

Depois de aprender e testar essas técnicas para instalar novas crenças na sua vida, é hora de parar de procrastinar e tirar do rascunho aqueles objetivos dos quais talvez você acreditasse não ser capaz ou não ser merecedor de realizar. Vamos aos poucos, passo a passo, aprendendo e testando o processo. Dedique-se a cada etapa aqui exposta, porque, se você deixar para depois da leitura completa, pode não haver tempo e você pode se desconectar.

Para ajudá-lo nesse processo, compartilho um link e um QR Code para acessar a técnica que validei enquanto escrevia este livro: é a Técnica 3D – Desperte, Destrave e tome Decisões prósperas.

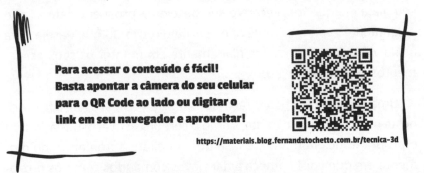

Para acessar o conteúdo é fácil! Basta apontar a câmera do seu celular para o QR Code ao lado ou digitar o link em seu navegador e aproveitar!

https://materiais.blog.fernandatochetto.com.br/tecnica-3d

A ESCALADA DA MUDANÇA

Depois de ter compartilhado os principais pontos da minha trajetória e abordado as crenças e os padrões comportamentais que podem estar travando a sua vida, é hora de falar sobre a escalada da mudança. Aqui vou apresentar algumas ferramentas para você começar a sua transformação, como buscar por solução, autocontrole e resiliência, como treinar o seu cérebro e como trabalhar a autoaceitação e seu mindset.

Joe Dispenza, na entrevista citada anteriormente,[8] afirma que, se uma pessoa deseja transformar a sua realidade atual, ela deve primeiro mudar a sua personalidade. Isso porque a personalidade tem efeito direto sobre a realidade pessoal. E a realidade é feita conforme você pensa, age e sente. Segundo o autor, a nossa personalidade é um conjunto de comportamentos memorizados, hábitos automáticos, reações emocionais inconscientes, crenças, percepções e atitudes "instaladas" que funcionam tal qual um programa de computador. Você aperta o COMEÇAR ou o PLAY e ele roda automaticamente. Na maioria das vezes, quando a pessoa passa por uma situação difícil como crise, trauma, doença ou perda, ela para o programa e se questiona: "Quero ficar desse jeito ou quero mudar?". É nesse momento que ela começa a se tornar desperta, consciente a respeito de como age, sente e fala. Sua consciência observa o seu "eu" inconsciente e esse é o primeiro passo para a mudança ocorrer. Aí a pessoa sai da arquibancada e desce para o jogo.

Você pode acessar sua melhor versão e mudar sua realidade pelo caminho do prazer, sem precisar sentir a dor do sofrimento para entrar em ação. Ou pode ser obrigado a reagir ao que acontece na sua vida. Mudanças podem ser repentinas, como você viu na história que apresentei no começo do capítulo e como provavelmente você já deve ter percebido na sua própria vida.

Para deixar mais claro o processo de mudança, vou usar o quadro a seguir com alguns exemplos.

---

8 WALLACE LIMA. **Entrevista com dr. Joe Dispenza**. 15 out. 2020. Facebook: drquantico. Disponível em: https://www.facebook.com/drquantico/videos/382010989841077/?vh=e. Acesso em: 29 jun. 2021.

O que preciso começar a fazer?	Como vou fazer
Ser mais produtivo.	Usar o diário da prosperidade, agenda, ferramentas de produtividade.
O que posso fazer um pouco mais?	**Como vou fazer**
Cuidar da aparência.	Cuidar melhor da saúde, me vestir melhor, cuidar da pele.
Ter mais momentos íntimos com meu parceiro.	Uma vez por semana, sair para um lugar especial.
Criar mais situações junto com meus filhos.	Três vezes por semana, criar a hora da brincadeira com jogos e brincadeiras divertidas.
O que tenho que parar de fazer?	**Como vou fazer**
Me concentrar no que os outros estão fazendo.	Focar os meus objetivos, ter metas claras e acompanhá-las diariamente.
Parar de gastar mais do que ganho.	Fazer uma planilha financeira e estipular metas e limites mensais.
O que farei um pouco menos?	**Como vou fazer**
Arrumar a casa e fazer mil coisas ao mesmo tempo.	Dividir tarefas, terceirizar.
Controlar tudo no trabalho.	Delegar para a equipe (listar as pessoas e tarefas para cada uma).

Você pode aprimorar essa tabela estipulando um prazo para cada ação e os recursos de que vai precisar. Decida, comprometa-se, seja específico com o que você vai fazer, compartilhe, tenha clareza, vá com calma e comece a sua mudança!

No espaço a seguir, complete a sua própria tabela. Sua vida está implorando por quais mudanças?

O que preciso começar a fazer?	Como vou fazer
O que posso fazer um pouco mais?	Como vou fazer
O que tenho que parar de fazer?	Como vou fazer
O que farei um pouco menos?	Como vou fazer

BUSQUE A SUA SOLUÇÃO

Eu até gostaria de ter uma solução-padrão para todas as pessoas que buscam ajuda para mudar, se bem que, se ela existisse, a vida não teria tanta graça. Mas o fato é que não existe uma solução ou fórmula para todo mundo. O que existe é a solução ideal para você, considerando toda a sua trajetória, seu jeito, seus valores, seus sonhos e propósitos e tudo o que você está disposto a fazer a partir de agora para mudar o que deseja.

Vou dar um exemplo: uma pessoa que precisa conciliar melhor os seus papéis (carreira, família e saúde). Para conseguir buscar essa solução, ela deve identificar as forças que a impulsionam e que a travam nessa jornada. Quais os ganhos e o que faz com que ela desista e pare no caminho? Vamos simular.

Fatores que podem impulsioná-la: a realização dos sonhos; poder decidir o que precisa fazer; escolher a realidade que quer alcançar; fazer a diferença; ser exemplo para a família; prevenir doenças; viver intensamente; poder decidir para onde vai; o que vai fazer e realizar; ter liberdade financeira; decidir conciliar os papéis.

Possíveis entraves: crenças limitantes da sociedade, da família; medo do julgamento, do que as pessoas vão pensar ou dizer; dificuldade para gerir o tempo; dar ouvido às limitações e às escolhas do outro; basear-se em quem ganha mais, ou seja, no outro.

Quais as soluções possíveis? Dividir com a família e a equipe as responsabilidades e os papéis; começar a elogiar, a recompensar, a reconhecer, a ajudar, a tirar o time de campo e a pedir perdão; aprender a pedir ajuda, compartilhar as crenças fortalecedoras com os filhos, se tiver; compartilhar o que aprendeu e o que acredita; fazer combinados com a família; equilibrar as coisas; apaixonar-se pelas soluções; minimizar os minimizadores; criar ações.

AUTOCONTROLE E RESILIÊNCIA

Nessa jornada, não se esqueça, você vai precisar de muito autocontrole e resiliência. Não pense que tudo vai acontecer da noite para o dia. Às vezes, você vai se pegar fazendo coisas que o farão desistir. Por isso é fundamental construir o autocontrole para aceitar quando as coisas não saírem conforme você predeterminou. Assim, em vez de se desesperar, você agirá rapidamente e buscará uma solução.

Muitas vezes, é necessário ter autocontrole pelos outros, por algo que outras pessoas não fizeram, ou ao menos não do jeito que você esperava. Você pode olhar para essas situações e exercitar o seu autocontrole. Quedas vão existir, mas, se você se apegar às desculpas e ao sentimento de que pode tudo e sabe tudo, continuará no chão. Preste atenção, aja com menos impulsividade, exercite o autocontrole e conseguirá se levantar rapidamente quando precisar.

Agora reflita: com quem você precisa aprender a lidar um pouco melhor? A falta de autocontrole da sua parte pode impedir que o outro faça o seu melhor. Por isso, ouça mais do que fale. Quanto mais se treina, mais autocontrole se adquire. Pare de enxergar o seu jogo somente vivendo o jogo. Analise do camarote. Você não precisa fazer parte de tudo para as coisas funcionarem.

Lembre-se: você pode estar perdendo o jogo por não saber executar o básico: observar de longe, praticar o autocontrole e falar menos e ouvir mais. Portanto, observe-se, analise as suas atitudes e pensamentos diante da vida.

TREINE O SEU CÉREBRO PARA MANTER O FOCO

Você já deve ter se dado conta de que os seus pensamentos e o que você comunica ao cérebro influenciam os comportamentos, atitudes e, consequentemente, sua performance e resultados. Por esse motivo, é necessário que você saiba treinar o seu cérebro para manter o foco no seu processo de transformação, para livrar-se de pensamentos negativos, do que não contribui com seus resultados, de conteúdos que não têm importância e não farão a diferença na sua jornada.

Separei algumas atitudes que o ajudarão a treinar o seu cérebro e impedirão a entrada de conteúdos indesejados.

Enfrente os problemas. Busque a solução, pois você não modifica o passado e o que já se instalou. Vejo muitas pessoas remoendo os problemas, vivendo com foco no que já aconteceu. Isso só atrasa a vida. Concentre-se na solução, no que trará resultado e que fará a diferença.

Evite informações negativas. As informações podem ser recebidas por muitos meios, como televisão, internet, rádio, família, grupo de amigos. Reflita sobre onde você está inserido e evite o que possa lhe transmitir informações negativas. Busque o que está alinhado aos seus valores e objetivos.

Ocupe a mente. Você já deve ter ouvido a frase: "Mente vazia, oficina do diabo". Esse dito tem relação com uma das atitudes para treinar o seu cérebro. Não deixe sua mente vazia: comunique ao seu cérebro o que tem valor. Leia um livro, ouça pessoas inteligentes e positivas, veja um filme que agregue. Faça o que contribuirá, de maneira efetiva, para o seu desenvolvimento. Mente vazia não prospera.

Faça seus aprendizados. O que lhe aconteceu no passado pode ser um trauma ou pode vir a ser um grande aprendizado capaz de acelerar seus resultados e conquistas. Questione-se sobre o que você pode aprender com cada situação e sobre o que você não quer repetir. Pense a partir disso e não com foco no passado. Faça bom uso dos seus erros.

Concentre-se no positivo. O piloto automático nos leva a olhar para o negativo o tempo todo, é natural. Por isso, busque e aproxime-se do positivo. Ele está sempre próximo de você, mas, ao não dar atenção, acaba não absorvendo. Portanto, tome cuidado e evite o negativo.

Pratique o hábito da gratidão. Seja profundamente grato por tudo o que lhe acontece e por tudo o que ainda não conquistou. Quem pratica a gratidão se protege da inferioridade e da inconsistência. Com a prática da gratidão, você se sentirá melhor consigo mesmo, com o que acontece com você e filtrará o que recebe de negativo do ambiente.

Aprenda a respirar e a se conectar com o aqui e agora. Esteja verdadeiramente presente no que se propõe a fazer. A respiração e a meditação o auxiliarão a se concentrar no que precisa ser feito, colocando-o no controle do que quer sentir, pensar e fazer. Há grande poder em limpar a mente e desconectar do que tira o foco.

Ouça uma música. Quando não estiver conseguindo se concentrar no que precisa ser feito e o negativo estiver próximo, coloque o fone de ouvido e ouça uma música. Preste atenção na letra e você vai desfocar do negativo com essa âncora que é empoderada pela música.

Essas são algumas atitudes que contribuirão para a sua alta performance, que o desafiarão a sair da zona de conforto, desfocar do negativo e atrair o positivo, para que você possa crescer dia após dia com o que há de melhor.

AUTOACEITAÇÃO E MINDSET

Ultimamente, temos falado e lido muito sobre a necessidade de se diferenciar. Mas o que não falamos tanto é sobre a necessidade de aceitação que mora em cada um de nós, em níveis diferentes, é verdade. Ela está em toda parte pronta para fazer seus estragos se não soubermos controlá-la.

Querer ser aceito é, segundo a Psicologia, desejar ser acolhido do jeito que somos, incluindo todos os defeitos, qualidades e particularidades sem que tenhamos que mudar nada para agradar aos outros ou nos ajustar conforme as expectativas alheias.

O fato é que existe uma unanimidade quanto a esse assunto, ou seja, todo mundo gosta da sensação de ser aceito, valorizado e reconhecido. Pois é, mas o que você precisa mudar no seu mindset é que essa necessidade não deve ser uma condição para ser feliz. Se acontecer, ótimo, se não, tudo bem.

Como sei que esse processo de mudança de mindset não é tão simples assim, separei algumas dicas para ajudá-lo nessa missão.

Pratique a autoaceitação antes de tudo. A autoaceitação ajuda no processo de desapegar da aceitação dos outros. Você precisa regá-la diariamente para que ela seja sempre maior do que todas as interferências externas.

Entretanto, autoaceitação não significa aceitar que você nasceu assim e vai continuar assim para sempre, isso é comodismo. Autoaceitação é identificar e reconhecer seus pontos de força e os pontos de fragilidade e trabalhar para melhorar e evoluir a cada dia.

Praticar a autoaceitação é respeitar a sua trajetória sem culpas e sem "e ses", é olhar para a frente reverenciando tudo pelo que você passou para chegar até aqui. É se colocar em primeiro lugar sem achar que está sendo egoísta.

Construa uma base sólida. Sempre bato nessa tecla, aliás, todos os meus treinamentos e mentorias começam pela base, porque, se ela é sólida, todo o restante se constrói com mais força e você não corre o risco de voltar várias vezes à estaca zero.

E como se constrói uma base sólida? Identificando e vivendo conforme seus valores; construindo o autoconhecimento tijolinho por tijolinho, mesmo que leve tempo; não abrindo mão dos sonhos e do brilho no olho. Dessa forma, você nunca mais ficará sem chão.

Aceite sua vulnerabilidade. A realização e o reconhecimento começam na autoaceitação. Toda a mudança que você quiser realizar, todo comportamento que se propuser a mudar, todos os medos, crenças, tudo com o que você consegue se identificar faz parte da autoconsciência, e ela é a chave para que haja uma mudança positiva de comportamento. Entretanto, isso não significa que você não cometerá mais erros. As pessoas precisam entender que, durante o processo de mudança e evolução, elas podem errar, podem ter comportamentos que às vezes destoam daquilo que gostariam de ser. Você pode e deve se permitir ser vulnerável e reconhecer que errou, que não é perfeito, ninguém é. Mas, no momento em que errar, você precisa reconhecer que errou e pedir perdão. Dessa forma, as pessoas passarão a olhá-lo com outros olhos, reconhecendo essa atitude e posicionamento.

Aprenda com a comparação. Muitas pessoas, na busca pela aceitação alheia, acabam caindo na armadilha de se comparar com os outros de maneira negativa, se achando inferior, atrasado ou fracassado. O que proponho é uma quebra de paradigmas nesse ponto. Não precisa fugir da comparação, mas, sim, aprender com ela. Você pode olhar para a pessoa que admira, identificar o que ela está fazendo, olhar para onde você está e descobrir como pode chegar lá.

Portanto, inspire-se e aceite que já existiu uma jornada da pessoa. Dessa forma, olhando para ela, você pode enxergar a sua lacuna e entender o que precisa fazer para atingir resultados semelhantes, se é isso o que você deseja.

Não se anule. Segundo o Instituto Brasileiro de Psicanálise Clínica (IBPC), a busca pela aceitação, de grupos ou parceiros, pode desgastar as relações, pois, para agradar ao outro, a pessoa acaba anulando as próprias vontades, opiniões e sentimentos, o que pode gerar problemas emocionais e psicológicos graves.

Nesse caso, gosto de comparar pessoas à maioria dos negócios que escolhe um nicho porque não pode agradar ao mercado todo. Alguns vão gostar, outros podem até odiar, alguns vão colar e não desgrudar mais, outros vão ficar por um tempo e depois se afastar, assim é a vida real. O que importa nesse processo é que você se mantenha firme e focado na sua vida e nos seus sonhos, mesmo que o mundo não pareça tão bom algumas vezes.

Preserve a sua saúde física e mental. Esses dois itens são a sua fortaleza que, se bem cuidados, o ajudam a manter a força, apesar de tudo e de todos, sem que você precise mendigar a aceitação dos outros. Para isso, é necessário criar uma rotina na qual caibam exercícios físicos, alimentação balanceada e atividades que façam bem para a sua cabeça. Ao estar em paz com seu corpo e sua mente, o caminho para a autoaceitação fica mais leve.

Pratique o autocuidado e priorize suas necessidades. Cuide do seu tempo, da saúde, da beleza, da autoestima, da segurança emocional, da mente, do lazer, do desenvolvimento profissional. Cuide do seu equilíbrio e preserve-se.

Você muda a mente e o corpo com o que acredita. Por isso, escolha acreditar no que está enxergando por meio deste livro e alinhe suas atitudes e hábitos a essas escolhas. Aceite, acolha, perdoe-se e desenvolva seu mindset para fazer acontecer. Use todas essas ferramentas – a busca pela sua solução, autocontrole e resiliência, como treinar o seu cérebro, inteligência emocional e autoaceitação e mindset – para começar a sua escalada da mudança, do seu jeito e no seu tempo, mas sem parar.

Para finalizar este capítulo, preciso lhe pedir uma coisa. Se, por alguma razão, você leu esta parte com pressa ou sem prestar atenção como gostaria, volte até o início e recomece a leitura. Mas dessa vez com a concentração que o tema pede. Permita-se ter esse tempo. Não é porque ele trata de assuntos difíceis, mas é porque o destravar mexe com a base da sua vida – da sua construção – e, exatamente por isso, requer um olhar apurado para assuntos mais profundos, como a sua história, as suas crenças, os padrões comportamentais que o trouxeram até aqui. Isso tudo para você conseguir iniciar a escalada da mudança por meio de todos esses movimentos de transformação na sua vida.

Utilize o espaço a seguir para responder às questões que deixei para você:

**O que você está disposto a destravar na sua vida
de uma vez por todas?**

_____

_____

_____

O que vai fazer?

_____

_____

_____

**Quem pode ajudar você a realizar ou
a se manter firme nessa decisão?**

_____

_____

_____

Preparado para abrir a porta da sua casa? No próximo capítulo, vamos abordar o propósito e os valores, ou seja, tudo o que fortalece a sua vida e que move você para a realização dos seus sonhos.

CAPÍTULO IV

PROPÓSITO E VALORES:
PORTA

Agora que você iniciou o seu destrave e deu os primeiros passos para as mudanças na sua vida – por meio da fundação ou da base –, chegou o momento de olhar para a porta da sua casa e enxergar o que está deixando passar por ela. A porta representa tudo o que entra na sua vida e tudo o que você leva quando sai de casa, ou seja, os propósitos e valores que norteiam cada uma das suas atitudes e decisões.

É muito comum as pessoas me perguntarem como elas encontram um propósito. Quando essa resposta vem, afinal? Meu objetivo aqui é desmistificar o assunto e mostrar o quanto isso é seu, o quanto é único e como ele brota naturalmente quando você se conhece. Porém, esse processo de autoconhecimento e descoberta do propósito não acontece da noite para o dia e nem é tão simples.

No meu caso, tenho certeza de que encontrei o meu propósito, mas não antes de encarar a vida de frente, minhas vulnerabilidades, minha transformação interna e enxergar o significado das minhas escolhas atuais, como me vejo e como sou vista pelas pessoas que amo. Minha ficha caiu quando me fiz várias provocações: quem eu sou? Meu estilo de vida impacta o outro? Como eu vivi até agora? O que me trouxe até aqui? Como contribuo com o que sei fazer?

A descoberta do propósito é um mergulho dentro de si, do seu "eu", de como você se enxerga e age, como se relaciona, do que representa para si e para as pessoas com as quais convive. Se tiver dúvidas durante o processo, pense no que não abre mão na sua jornada e no que faz seu coração vibrar.

O QUE É PROPÓSITO

O propósito faz trabalhar a máquina que nos movimenta, o coração. Viver sem um propósito pode trazer frustrações, medos, ansiedades, desequilíbrio, uma busca constante por algo que não preenche o vazio dentro de você. Enquanto não entendemos a nossa missão em vida, podemos ter tudo, mas com a sensação de falta e aquele eterno vazio.

Não é à toa que aqui eu o convido a começar pelo fim, como se hoje fosse o seu último dia. É uma maneira de enxergar com clareza que marca gostaria de deixar na vida daqueles que convivem com você. E isso está ligado ao seu propósito.

Se não o tiver claro, você vai levando, vai indo para qualquer lugar, como uma folha no rio. Vivendo dessa maneira, você perde tempo, dinheiro, energia, acorda todos os dias sem saber o porquê, não tem ideia em que se especializar, como se posicionar e perde, inclusive, a alegria de viver.

Tenho certeza de que você não quer isso para a sua vida. Portanto, a partir de agora, vou muni-lo com todo o poder que já está em suas mãos. "Mas, Fernanda, onde está esse poder que eu não vejo?" "Ainda não sei como descobrir meu propósito de vida!" Ele não está escrito em nenhum manual, não é padrão para todas as pessoas, pode mudar conforme a sua evolução, ou seja, não estará prontinho para ser usado. Ele precisa ser lapidado com a força da determinação e com a delicadeza do autoconhecimento, aparando as arestas, trabalhando crenças e limitações para, enfim, dizer a que veio. Por isso, este livro segue essa sequência de capítulos, respeitando a ordem que as coisas acontecem dentro desse processo.

COMO ENCONTRAR O SEU PROPÓSITO

Agora vou dar algumas dicas – divididas em passos – para ajudá-lo a encontrar o seu propósito.

Passo 1. Encontre a resposta para a seguinte pergunta: quem é você? Essa é a primeira coisa que você deve fazer para encontrar o seu propósito. Não pule etapas, caso contrário, chegará lá na frente fora de sincronia e terá que voltar todas as casas, como em um jogo de tabuleiro.

» Pratique o autoconhecimento para ontem. Observe suas escolhas, comportamentos, preferências, necessidades, dores e conquistas.

» Escolha as ferramentas com as quais você mais se familiariza e se identifica: terapia, coaching, meditação, autoanálise, cursos, terapias alternativas, entre outras, mas não pule essa etapa. Faça movimentos que gerem a oportunidade de olhar para si, para o seu funcionamento. Aviso que isso pode doer, porque mexe com sua história, com suas crenças e convicções, mas também liberta, o que compensa tudo.

» Reveja a linha do tempo da sua vida e da sua carreira até aqui. Liste os acontecimentos no seu *roadmap*. "Tire o pó" dos acontecimentos mais significativos da sua vida, das principais conquistas, dos maiores desafios, dos presentes, das perdas, das decisões que mudaram o rumo da sua trajetória. Muitas respostas de que você precisa para definir o seu propósito podem estar ali, tão claras e ao mesmo tempo tão escondidas, não é mesmo?

Simule uma apresentação de dois minutos sobre você, como se estivesse diante de um desconhecido e tivesse que se apresentar. Responda questões como: quem sou eu, o que eu faço, o que quero impactar com o que faço, quais são os meus diferenciais. Escreva e grave essa apresentação e veja depois, sem autocrítica. Dessa forma, vai descobrir como você se vê e como se vende para os outros.

Passo 2. Tenha claro o seu porquê. A verdadeira mudança acontece quando você se encontra com o seu porquê. Entenda qual é a sua paixão, perceba que você tem diferentes papéis e qual é a entrega que deseja para cada um deles. O que você quer deixar na vida dos outros? Qual é a sua causa, as suas bandeiras?

Simon Sinek no livro *Comece pelo porquê*, propõe a figura do Círculo Dourado (*Golden Circle*), inspirada na proporção áurea, para explicar a importância do porquê. A essência ou o núcleo é formado pelo "porquê", seguido pelo "como" e, por fim, pelo "o quê". Essa é, segundo o autor, a ordem de importância das coisas e de como as pessoas se conectam com alguém ou com uma marca, ou seja, de dentro para fora. Sinek define o porquê da seguinte forma:

> **QUANDO FALO DO PORQUÊ, NÃO ESTOU ME REFERINDO A GANHAR DINHEIRO – ISSO É UMA CONSEQUÊNCIA. COM O PORQUÊ, REFIRO-ME A QUAL É SEU PROPÓSITO, SUA CAUSA OU SUA CRENÇA. POR QUE SUA COMPANHIA EXISTE? POR QUE VOCÊ SAI DA CAMA TODA MANHÃ? E POR QUE ALGUÉM DEVERIA SE IMPORTAR?** [9]

GOLDEN CIRCLE – SIMON SINEK

Seu propósito e seus valores, juntamente com a fundação, são o alicerce da sua casa, é onde você aprende sobre a sua essência, sobre o seu caráter, sobre as marcas que você quer deixar com os recursos que tem. Quem sabe o seu porquê se conecta com você, o admira como pessoa, antes de tudo.

Passo 3. Aproprie-se da sua história. Ela contém quilos de verdade e sem ela não há propósito. Por isso, experimente escrevê-la, mesmo que resumidamente. A linha do tempo do Passo 1 (*roadmap*) pode ajudá-lo nessa missão.

---

[9] SINEK, S. **Comece pelo porquê**: como grandes líderes inspiram pessoas e equipes a agir. Rio de Janeiro: Sextante, 2018. p. 68.

"Mas que história é essa, Fernanda?" Você é quem pode me dizer. Qual é a sua história? Que experiências você busca na memória quando algo difícil acontece na sua vida? Como você virou a chave quando aconteceu tal coisa?

"Ah, mas eu não tenho uma história triste de superação para contar." Mas você tem uma história e foi ela que construiu a base da sua vida até aqui. Mesmo que queira mudar tudo daqui para a frente, vai ser sobre essa base. Lembre-se: a sua história é o que faz você ser único, é onde estão os seus diferenciais, seus valores e o seu propósito.

Passo 4. Questione-se sempre. Comece refletindo sobre o que você gosta e o que faria todos os dias com satisfação. Sabe aquela brincadeira de imaginar o que faríamos se ganhássemos na loteria? Faça isso, pense no que você continuaria fazendo ou passaria a fazer simplesmente porque ama. Além disso, pense nas suas habilidades, aquilo que flui com naturalidade e por meio das quais você pode ajudar as pessoas. A partir desse ponto, você entende o que pode ser pago para fazer. Pense no maior número de lugares em que pode estar para influenciar o maior número de pessoas com seu serviço/produto de maneira diferente. Depois de tudo isso, pense no que o mundo precisa, em como você pode agregar valor social com aquilo que faz.

Reflita também sobre se o que você está fazendo hoje o está levando para onde você quer chegar. Se o seu sonho está sendo realizado dentro da sua rotina ou se está sendo adiado para quando der tempo. "Ah, Fernanda, mas se eu ficar questionando tudo, vou ter que mudar algumas coisas e isso dá trabalho." Se você não quer se dar ao trabalho de mudar, ou é porque você está como gostaria de estar – que ótimo! –, ou é porque você tem medo de sair da sua confortável realidade, mesmo não gostando dela. Se for esse o caso, ligue o botão de alerta e reflita. Só assim você sairá do lugar, acredite. Invista em se conhecer, em despertar o seu potencial e encontre as suas respostas.

Passo 5. Saia de cima do muro. A decisão de encontrar o seu propósito já é uma atitude capaz de tirá-lo de cima do muro. Agora você

❝

Minha ficha caiu quando me fiz várias provocações: quem eu sou? Meu estilo de vida impacta o outro? Como eu vivi até agora? O que me trouxe até aqui? Como contribuo com o que sei fazer?

---

precisa ter um posicionamento nesse mundo. Não comece o seu dia sem os seus valores na bolsa ou no bolso, sem colocar no GPS o seu local de destino e sem se vestir dos pés à cabeça com o seu sonho.

Passo 6. Permita-se reiniciar o jogo. Quando uma máquina para, qual é a primeira instrução do manual ou do técnico? Antes de tudo, reinicie. Sei que você não é uma máquina, mas pode se reiniciar também, por que não? Você pode começar um novo caminho agora mesmo. Como? Seguindo os passos anteriores, conectando-se com a sua verdade, com seus dons, com o que você ama fazer e com o que o transforma e a quem está ao seu redor.

Muitas vezes as pessoas têm medo de começar de novo e pensam que estão partindo do zero. Mas ninguém nunca vai começar do zero alguma coisa; até aqui houve toda uma trajetória, com histórias e aprendizados que dão a base para um novo caminho que está começando. E essa base tem valor e força.

Resumindo, o propósito ideal é amar o que faz, fazer bem-feito, ganhar dinheiro com isso e ainda impactar positivamente o mundo. O equilíbrio entre todos esses pontos traz a felicidade e o sucesso.

Agora peço licença para compartilhar com você o meu propósito, o que me leva a acordar todos os dias bem cedo, o que move a minha vida e as minhas decisões:

> Minha missão é ajudar as pessoas a destravar e a despertar o seu SER, a tirar a vida do rascunho. Eu as conduzo para conquistarem uma vida de sucesso por meio de uma carreira gratificante e lucrativa, que proporciona liberdade para realizarem seus sonhos.

Chegou a sua vez. Se você já tiver o seu propósito ou a sua missão claros, escreva-os no espaço a seguir. Se ainda não tiver, reflita e crie o seu propósito levando em consideração o que você faz, quais as transformações que gera nas pessoas e o que faz os seus olhos brilharem a cada novo dia.

Meu propósito ou missão é:

_____

_____

_____

_____

TOME DECISÕES COM SEUS VALORES NA MESA

Além do propósito, os valores ajudam a tomar decisões de maneira mais assertiva. Portanto, tenha claro o que importa para você e do que você não abre mão em nenhuma situação. Quando existe essa clareza, tudo se torna mais fácil. Além disso, procure sempre entender os valores das pessoas com as quais você se relaciona. Isso dá uma ideia a respeito de como elas agem e reagem às situações.

No quadro abaixo estão alguns exemplos de valores que podem ser úteis para você escolher e compreender quais são os seus, quais deles guiam a sua vida.

Competência	Confiança	Reconhecimento	Inteligência	Família
Comunicação	Disciplina	Conquistas/ Sucesso	Honestidade	Sabedoria
Verdade	Respeito	Amor/Afeição	Qualidade	Independência
Simplicidade	Segurança	Autonomia	Poder	Criatividade
Empatia	Humor	Compartilhamento	Produtividade	Coragem
Ética	Compromisso	Transparência	Saúde e Bem-estar	Seriedade

Os valores são a base para todas as suas escolhas e decisões, inclusive ajudam a definir os valores da sua marca e do seu negócio, se você tiver um. Assim que você descobrir quais são os seus valores, compartilhe-os com a sua equipe e com as pessoas que fazem parte da sua vida. Dessa forma, todos andarão na mesma direção.

"

*Tome decisões levando em conta os seus valores
e o que é prioridade para você.*

Para finalizar, quero lembrar da importância de conhecer o seu propósito e os seus valores para saber o que e quem você pode deixar entrar na sua casa e na sua vida. Quando os dois estão alinhados, você consegue se proteger daquilo que não agrega ou até do que prejudica a sua vida. Eles também ajudam a atrair somente aquilo que está em sintonia com o que importa para você. É um exercício que realmente vale a pena realizar.

Neste espaço, escreva os seus valores.

Meus valores são:

_____

_____

_____

> Não é à toa que aqui eu o convido a começar pelo fim, como se hoje fosse o seu último dia. É uma maneira de enxergar com clareza que marca gostaria de deixar na vida daqueles que convivem com você. E isso está ligado ao seu propósito.

CAPÍTULO V

JANELAS

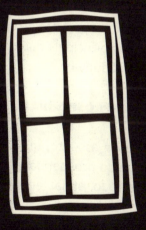

O próximo passo é falar sobre as janelas. A porta representa o que você deixa entrar na sua casa e com o que você não sai sem. Neste capítulo vamos falar do movimento de renovação que acontece quando você abre as janelas da sua casa, quando aceita que novos ares e novas soluções entrem e circulem na sua vida. Dividi o capítulo em três partes. A primeira janela falará sobre hábitos e rotina próspera; a segunda, sobre relacionamentos; e a terceira, sobre competências, pontos fortes e gestão da carreira. Escolhi esses temas para representarem as janelas porque eles impactam diretamente a sua rotina e, consequentemente, os seus resultados.

1ª JANELA: HÁBITOS E ROTINA PRÓSPERA

A primeira janela para a qual você precisa dar atenção é a dos seus hábitos e rotina. Esse olhar para o cotidiano evita que você viva no piloto automático, sem questionar se é essa a rota que deseja seguir. Uma rotina próspera é feita de hábitos e rituais positivos que estimulam a pessoa a agir em prol dos próprios sonhos e bem-estar. Em seguida, mostrarei os principais hábitos e rituais para você ter uma rotina próspera e produtiva.

PROSPERIDADE

Antes de começar esse assunto, quero esclarecer que, mesmo que eu esteja especificando prosperidade somente aqui, o tema engloba o livro como um todo, afinal, ela vai muito além de ter uma rotina próspera. A prosperidade é conquistada à medida que você passa por todas as partes da casa, ou seja, da sua vida, destravando, despertando, decidindo e recomeçando. Outro esclarecimento que precisamos fazer aqui é que prosperidade não significa dinheiro; ele é apenas consequência do processo. Porém, uma pessoa próspera é, necessariamente, uma pessoa que tem dinheiro abundante e que nutre uma relação positiva com ele.

Quando você sabe quem é e se encontra de verdade, começa a prosperar. Mas, para prosperar, você precisa cuidar de algumas coisas que estão no seu entorno: hábitos, relacionamentos, família, carreira. A prosperidade está diretamente ligada a ter uma mente abundante, a manter a conexão com o seu SER e com o seu TER.

Para mim, a prosperidade é um processo contínuo que acontece em dois níveis. No primeiro, você desperta, destrava, evolui o mindset de crescimento, desenvolve a saúde física e emocional, pratica a gratidão, se desenvolve, compartilha e se doa. Você foca cada vez mais e passa a ser ainda melhor do que era. Com o talento trabalhando a seu favor, você se põe à prova. É claro que durante o processo podem surgir dúvidas, angústias, mas você levanta rapidamente e volta a ter clareza. Usando uma disciplina consistente como aliada, você começa a subir os degraus da sua casa. Com autoestima e autoconfiança, você vai seguindo, livrando-se das crenças e dos sentimentos de escassez que possam surgir ou reaparecer no caminho.

Nesse processo, você precisa fazer escolhas para focar sua energia no objetivo. Precisa ser estratégico – ser e priorizar, manter o compromisso com o seu propósito e a sua visão –, alavancar – decidir e manter uma rotina próspera – e mudar – abandonar amizades e relacionamentos, crenças e atitudes que o puxam para trás.

Dentro dessa linha, existem algumas escolhas que ajudam as pessoas a prosperar:

Decisão: você precisa definir o seu alvo, entender qual é o seu jogo, o que vai ganhar e perder com a sua decisão. Somente isso o colocará de frente com a prosperidade. Você precisa sair do local em que se encontra e seguir para a segunda escolha, a ação.

Ação: somente com ação, passos, jogadas, estratégias, consistência e consciência você conseguirá visualizar o resultado acontecendo. Preste atenção no que resulta em acerto. É na prática, na ação, que você identifica o que realmente é próspero e o que, ao contrário, lhe tira energia. Muitas vezes, deixamos de prosperar por deixar de fazer as coisas que precisam ser feitas.

Organização: é preciso organizar os fatos enquanto eles vão acontecendo, pois a atitude minimiza o desperdício de energia e ajuda a focar no que precisa ser feito.

Flexibilidade: você seguirá o seu caminho decidindo, entrando em ação e conseguirá perceber que algumas coisas poderiam ser diferentes. Aí entra a necessidade de ser flexível quando necessário. Às vezes, você visualiza e planeja um caminho como sendo a grande e única oportunidade, mas é só a prática que pode lhe provar se essa é a melhor escolha para você, e talvez não seja, o que exigirá que você mude a rota e siga em frente.

Por fim, preste atenção no que a prosperidade significa para você. Reflita em relação a essas escolhas para sua vida e continue no caminho da prosperidade.

O segundo nível da prosperidade tem relação com causa e efeito das suas ações no futuro. É visualizar como será a sua vida em um ano e em cinco anos. É alinhar o seu propósito aos planos e objetivos e regar tudo isso com suas intenções, mapa dos sonhos, mantras e afirmações positivas que veremos mais adiante.

COMO TER UMA ROTINA PRÓSPERA

Neste momento, preciso lhe dar uma dica: não espere o livro terminar para começar a praticar as instruções que o ajudarão a destravar e a sair do rascunho. Pratique as próximas dicas enquanto estiver lendo. Faça seu diário da prosperidade para registrar os objetivos, insights diários, evoluções, manifestar sua gratidão, registrar seu mantra. Faça os exercícios aqui propostos e siga na sua jornada da prosperidade.

Olhar para o cotidiano evita que você viva no piloto automático, sem questionar se é essa a rota que deseja seguir. Uma rotina próspera é feita de hábitos e rituais positivos que estimulam a pessoa a agir em prol dos próprios sonhos e bem-estar.

1. RITUAIS

Rituais são gestos, palavras, formalidades, pensamentos e ações que estão ligados a alguma crença, religião ou costume popular. Eles servem para nos conectar com o sagrado, com o que realmente importa e com o verdadeiro sentido das coisas.

Estudos comprovam que a prática de rituais instala hábitos, traz para a rotina energia, intenção e acesso aos melhores recursos disponíveis dentro de nós. Empodera e ativa os mais altos níveis de satisfação e de realização que podemos ter na nossa jornada.

Encontre-se com seus rituais, com a rotina, e sinta o impacto na sua produtividade e nos seus hábitos. A melhor mudança começa pelos hábitos. Decida a quais comportamentos você precisa se dedicar para que a mudança aconteça e acione a recompensa. Você só obterá a constância na mudança se conseguir identificar o que ganhará com ela, caso contrário, será mais fácil manter o comportamento no piloto automático e não promover o resultado efetivo que deseja alcançar.

Então, se você quer ter resultados diferentes na sua vida, independentemente da área, primeiro tome a decisão. Depois identifique que hábitos precisa mudar. Comece com um primeiro passo, porque tentar realizar muitas coisas ao mesmo tempo pode prejudicar a caminhada. Para mudar um hábito, é preciso trazê-lo para o dia a dia, repeti-lo, identificar a recompensa; lembre-se sempre disso. Tome a sua decisão, faça a sua mudança, invista em seus hábitos e cultive o resultado que você merece por meio da sua decisão.

RITUAL MATINAL

Defina um horário para acordar. Existem pessoas que gostam e conseguem despertar de duas a três horas antes de iniciar suas atividades profissionais para se concentrarem em ações como a meditação, por exemplo, que potencializam a produtividade, a energia e a vitalidade. Mas essa não é uma regra que vale para todo mundo. Acordar cedo também não é uma unanimidade, mas é um hábito com benefícios cientificamente comprovados. Porém, se você faz parte do grupo dos "só funciono à noite", pelo menos faça um teste por 21 dias ininterruptos, conforme sugestão de especialistas em produtividade e gestão do tempo. Acorde cedo e sinta os benefícios. Depois analise se esse hábito cabe na sua vida ou não.

Você pode estar pensando: "É fácil para os empresários que participam dessas pesquisas sobre produtividade. Devem ter uma conta bancária abundante, ao contrário das pessoas que batalham e não têm os resultados que gostariam, então dormir um pouco mais não fará diferença". Mas digo que com certeza essas pessoas já trabalharam – e ainda trabalham – duro para serem peritas em suas áreas, tinham e têm dias longos e produtivos. Portanto, quero desafiá-lo a refletir sobre como está esse aspecto na sua vida: a que horas você tem acordado para fazer o seu dia acontecer? Você começa a manhã motivado, focado ou reclamando?

Esse período a mais que podemos ter pela manhã, caso acordemos mais cedo, é um momento de concentração em que a mente está mais limpa e podemos utilizá-la para fazer algo que não conseguiremos ao final do dia, devido ao fato de o nosso mindset estar superlotado. É um horário para estudar, ler um daqueles livros que está na fila de leituras, responder a e-mails importantes, se exercitar, preparar um bom café da manhã para você e sua família começarem bem o dia.

Para conseguir levantar no mínimo uma hora antes de sair de casa e melhorar sua performance e produtividade, algumas atitudes são fundamentais. Antes de dormir, diminua o ritmo, desconecte--se. Estudiosos de alta performance falam da importância de exercitar a respiração, a meditação, de limpar a mente antes de dormir. Mais do que isso, é necessário adormecer já com o dia seguinte planejado, com as intenções definidas, com o despertador programado e sem reprogramações diárias. Aos poucos, isso se torna um hábito, acredite.

Especialistas indicam que a mesma respiração que você exercita ao se deitar também deve ser praticada ao acordar, estimulando o cérebro a se conectar com o que está por vir. Sorria na frente do espelho. Agora você já sabe que pode driblar o seu cérebro, que ele acredita em todos os comandos que você dá, verdadeiros ou falsos, positivos ou negativos. Acontece que sorrir ativa todas as partes do cérebro e produz um dos hormônios da felicidade, que se traduz em energia e vitalidade. Dê um abraço de verdade na primeira pessoa que você encontrar logo após acordar. A ocitocina é considerada um dos neurotransmissores mais importantes na construção da sensação da felicidade, é por meio dela que conseguimos desenvolver relacionamentos emocionais profundos.

Movimente o corpo e a mente. Você vai se encontrar com o que é melhor para a sua rotina, porém, se puder experimentar os efeitos do movimento físico pela manhã, entenderá por que as pessoas que seguem esse ritual com maestria fazem o que precisa ser feito com mais facilidade. Dedicar no mínimo 30 minutos por dia, cinco vezes por semana, para a prática de exercícios físicos torna a sua vida mais próspera, você consegue ativar o seu foco e sentir-se mais disposto.

Uma consequência da prática de exercícios físicos é você começar a prestar atenção nos alimentos que consome; dessa forma, você nota os efeitos que está obtendo e se dedica a ter um desempenho melhor. Esse é o poder do hábito, ter impacto em outros hábitos e gerar resultado. As pessoas, por repetição e recompensa, vivenciam o ciclo virtuoso, o impacto se torna positivo e um novo hábito se instala.

Agora complete no espaço a seguir quais são seus rituais e sua rotina hoje e quais os rituais que você quer implantar.

Quais são meus rituais hoje? Como é a minha rotina?

_____

_____

_____

**Quais são os rituais e hábitos que vou inserir?
A partir de quando?**

_____

_____

_____

2. PRATIQUE A GRATIDÃO

O ponto-chave para você concretizar sua jornada rumo a uma riqueza integral e verdadeira é saber ser grato por todas as coisas que estão acontecendo. Reconheça suas evoluções e retornos positivos. Seja grato por tudo, pelas pequenas coisas, por aquilo que possui e também pelo que ainda vai conquistar.

Muitas vezes, focamos tanto os sonhos maiores e o que ainda não realizamos que nos esquecemos de agradecer por tudo aquilo que já conquistamos, que já temos e que faz parte das nossas vidas.

Segundo Pedro Calabrez, pesquisador do Laboratório de Neurociências Clínicas da Escola Paulista de Medicina da UNIFESP e professor na área de neurociências, a gratidão virou uma palavra banalizada, assim como "felicidade", que se "vende" como produto, e "tudo bem?", que perguntamos de maneira automática muitas vezes sem a real vontade de saber a resposta.

Calabrez, no vídeo "Gratidão e o Cérebro", publicado no seu canal do YouTube *NeuroVox*,[10] diz que gratidão é ao mesmo tempo uma emoção, um sentimento, uma consciência racional, um comportamento, ou seja, uma maneira de agir. Envolve um reconhecimento de valor das coisas da nossa vida.

Existem três tipos de gratidão, segundo ele: a gratidão automática, banalizada como protocolo social de linguagem, por meio da qual costumamos usar a palavra sem a sentir de fato. O segundo tipo, muito comum, é a gratidão em momentos pontuais, ou seja, em grandes eventos da vida. Por exemplo, quando você recebe um prêmio ou conquista a aprovação no vestibular ou em um concurso. Essa gratidão envolve sentimentos de alegria, euforia, envolvimento afetivo, lembranças do esforço do processo, aspectos cognitivos como o planejamento que é realizado a partir desses acontecimentos intensos, o foco no momento presente e, por fim, o comportamento gerado. Se você contar somente com esse tipo de gratidão, será grato apenas eventualmente, o que ele chama de gratidão passiva. O terceiro tipo, pouco conhecido e praticado, é a gratidão ativa ou exercícios de gratidão. Envolve os mesmos elementos da gratidão passiva, com a diferença de que essa gratidão parte de um investimento de energia, de uma escolha. Quem pratica a gratidão ativa adota uma postura de dar valor às coisas que merecem valor. Se esforça diariamente para encontrar motivos de reconhecimento de valor.

Conforme Calabrez, as pessoas que praticam a gratidão ativa têm uma série de benefícios em todas as esferas da vida, segundo estudos. Alguns deles são impressionantes: fortalecimento das relações humanas, da empatia; sentimento de tranquilidade e relaxamento; redução do estresse à medida que a gratidão regula os processos emocionais, tanto positivos quanto negativos; aumento da motivação e do prazer; melhora do sono, da qualidade das

---

10 GRATIDÃO e o Cérebro. 2018. Vídeo (34min4s). Publicado pelo canal *NeuroVox*. Disponível em: https://www.youtube.com/watch?v=sWXbO5YpZQg. Acesso em: 30 jun. 2021.

relações românticas, do funcionamento do sistema imunológico; aumento da disposição para atividades físicas; sensação de bem--estar e satisfação com a vida. Ao praticar a gratidão, você envia ao universo um comando extraordinário que firmará sua condição e continuidade do resultado das suas ações. Quanto mais abundância você desejar e agradecer, mais ela chegará até você. O inverso também acontece: quanto mais você vive a escassez, mais escassa a sua vida será. Viva em abundância, com alta performance e com prosperidade.

"

Agradeça sempre! Brinde para celebrar suas conquistas!

Pelo que sou grato hoje?

_____

_____

_____

Agradeço por tudo o que ainda vou conquistar:

_____

_____

_____

3. PLANEJE O DIA SEGUINTE

Antes de dormir, planeje o dia seguinte. Pode parecer uma atitude simples, mas faz toda a diferença, pois o ajuda a otimizar o tempo, a manter o foco e a realizar mais. Já prepare a mesa para tomar o café da manhã e deixe separada a roupa que vai vestir; isso lhe consumirá menos energia ao acordar.

Entenda as prioridades, tarefas, entregas e resultado que quer para o dia seguinte. Comece fazendo o seu diário. Nele você vai conseguir identificar o que realizou e visualizar oportunidades de melhorias para se concentrar no que realmente precisa ser feito.

No final do dia, pratique estas três perguntas que terão resultados poderosos na sua vida e veja pequenos milagres acontecendo.

Por que o dia de hoje valeu a pena?

_____

_____

_____

O que eu poderia ter feito de diferente?

_____

_____

_____

**O que farei amanhã? Liste as principais tarefas
para alcançar os seus objetivos.**

_____

_____

_____

Sempre, ao programar a sua agenda, olhe para as suas metas, para as tarefas, para a sua família e planeje. O seu tempo vale ouro, e você é o único responsável pelo que está fazendo. No seu planejamento, pense nas suas refeições, onde elas vão acontecer, se poderá estar com a família, o que precisa levar consigo para ter um dia saudável – carregue o que for necessário para potencializar a sua máquina, o seu corpo. Tenha ao alcance das suas mãos sua garrafa de água, o melhor remédio natural que pode ingerir. Utilize aplicativos que contribuam para se lembrar do que precisa ser feito e coloque despertadores até virar hábito.

4. EVITE A PROCRASTINAÇÃO

No geral, as pessoas que procrastinam têm baixíssima autor-responsabilidade. Elas imaginam que, deixando para depois, tudo ficará mais fácil, que as coisas se resolverão e, por meio de uma tendência automática, fazem primeiro o que é mais simples, o que deixam na zona confortável e adiam tudo o que demanda esforço e disciplina.

Vou dar alguns exemplos de atitudes procrastinadoras para ajudar você a reconhecer quais delas acontecem na sua vida. Quantas vezes já ouviu ou falou frases do tipo: "Depois eu resolvo" ou "Isso pode ficar para amanhã"? Algumas pessoas atrelam as tarefas somente ao dia da entrega e não gerenciam as atividades em passos, o que sobrecarrega o tempo. A procrastinação acontece quando você troca a execução de uma tarefa importante para o resultado desejado, mas que é pouco prazerosa, por outras de menor relevância ou até mesmo por distrações.

Infelizmente, a procrastinação não é um problema restrito a alguns; é um comportamento muito comum que pode levar a pessoa a desistir do que precisa fazer. Tarefas não executadas causam frustração e, como consequência, se for uma prática comportamental de longo prazo, podem surgir desequilíbrios emocionais que afetam drasticamente o potencial que se poderia ter. Por tudo isso, precisamos falar sobre ela.

O primeiro passo para se livrar da procrastinação é registrar tudo o que você está deixando para depois. Afinal, você não muda o que não sabe e o que não tem consciência. Depois, divida as tarefas que estão na fila em pequenas etapas. As primeiras precisam ser bem curtas, principalmente se doem muito. Por exemplo, em vez de pensar em ler ou escrever trezentas páginas de um livro, dedique-se a cinco páginas por dia. À medida que for cumprindo as tarefas, sentirá o prazer da evolução, um fluxo de energia positivo tomando conta do seu ser.

Você precisa ter em mente que o tempo é como um investimento de alto risco sem reembolso, afinal, ele não volta. Portanto, tudo a que você for assistir, que for ler, estudar e escutar precisa ter conexão com aquilo que deseja transformar e agregar à sua vida.

Além disso, deixar de procrastinar não significa agir por impulso nas suas ações e decisões. Você não precisa realizar tudo no ato. A análise sobre o cenário é fundamental para se planejar e diminuir a ansiedade sobre ações que o fazem viver no futuro.

Lembre-se de que o equilíbrio é a chave para conduzir ações e decisões alinhadas. É ele que traz serenidade para entender quem você é e o que quer, como funciona, onde precisa focar e evoluir. É ele em ação que o afasta do hábito de procrastinar, evitando as devastadoras consequências na sua jornada.

O ambiente também é importante para não procrastinar. Se você está elaborando um projeto profissional ou pessoal e precisa de muita concentração, escolha um ambiente onde possa se conectar com o que precisar fazer. Use uma mesa limpa, elimine os objetos que o atrapalham durante a conexão. Fique longe dos eletrônicos, do celular e, principalmente, das redes sociais enquanto estiver executando o seu trabalho.

É importante que você tenha clareza de que o cérebro precisa de um determinado tempo para se concentrar em uma mesma tarefa. Então imagine como ele poderá produzir se for interrompido inúmeras vezes ao longo do processo de execução. É como ligar e desligar uma máquina repetidas vezes, e isso a tornará incapaz de conseguir uma boa produção.

"

Quanto mais abundância você desejar e agradecer, mais ela chegará até você. O inverso também acontece: quanto mais você vive a escassez, mais escassa a sua vida será. Viva em abundância, com alta performance e com prosperidade.

―――――――――――

Como última dica, use a agenda para evitar a procrastinação. Isso mesmo, estipule prazos que sejam possíveis de executar de acordo com o que você determina para sua vida. Defina horários e não se permita infringir as próprias regras.

Esse conjunto de ações e decisões impacta os resultados que você está traçando na sua vida e, como consequência, a realização dos seus sonhos. Então mantenha-se firme com aquilo que estipular, coloque na sua casa ou no seu local de trabalho informações que se tornarão comandos no seu cérebro, e que o ajudarão a se manter firme e longe do antigo perfil procrastinador.

Para completar, perdoe-se por aquilo que você não fez até agora. Vulnerabilidade transforma. Em seguida, dê os primeiros passos e entre no modo protagonista. Assuma o que quer trazer para a sua vida. Destrave o básico primeiro e permita-se evoluir com as próximas etapas do processo. Por fim, não adie a própria vida, você não merece isso.

Agora, aproveite o espaço abaixo e escreva todas as tarefas que você vem procrastinando.

Tarefas que estou procrastinando:

_____

_____

_____

5. FAÇA UM DIÁRIO DA PRODUTIVIDADE

O diário da produtividade é um registro objetivo das suas atividades: tarefas a fazer, coisas a delegar, ideias que vão surgindo, *stop* (o que você deve deixar parado no momento) e financeiro (um controle simples das entradas e saídas do dinheiro do dia). Só de enxergar tudo isso junto no mesmo local já traz um alívio para a sua cabeça. Experimente.

O quadro abaixo pode ajudar nessa tarefa (já deixei um espaço para você completar e começar o seu).

Tarefas:	Delegar:	Ideias:	*Stop*:	Financeiro:
tudo o que você tem que fazer.	tudo o que você pode pedir que alguém faça (na equipe ou na família, por exemplo).	tudo o que você pensa que pode fazer melhor, inovar, assuntos a pesquisar, livros a ler, filmes a assistir.	as tarefas que você precisa deixar paradas. Ainda não é hora de focar nelas, para não desperdiçar energia.	controle de entradas e saídas de dinheiro.

Se quiser, complete o quadro com o que você faria de diferente no dia de hoje e o que pode fazer amanhã para seguir rumo aos seus objetivos. Registre suas intenções para o dia seguinte e para a semana. Verifique-o todas as manhãs, atualize quando for necessário e utilize-o para deixar o seu dia mais claro e sob controle.

6. CUIDE DA SAÚDE

A prosperidade é amiga íntima de uma vida saudável. Foi-se a época (graças a Deus!) em que trabalho era sinônimo de falta de tempo para cuidar da saúde. Era bonito pular refeições, comer qualquer coisa, ser sedentário. Porém hoje sabemos que precisamos criar hábitos saudáveis que incluem exercícios e alimentação equilibrada. Isso faz bem para a saúde e, inclusive, aumenta o rendimento no trabalho.

Portanto, encare a sua saúde como prioridade. Isso inclui fazer exames regularmente (pelo menos uma vez ao ano) e, quando necessário, ir a médicos especialistas. Inclua esse hábito na administração do seu dia e seja mais feliz e produtivo.

7. FAÇA UMA GESTÃO INTELIGENTE DO SEU TEMPO

Não é possível delegar a gestão do seu tempo e, se ela não for feita com consistência e não estiver focada e ajustada aos seus objetivos, você terá aquela incômoda sensação de que está sempre faltando tempo, que seu dia deveria ter quarenta e oito horas e assim por diante. Para todos os 7 bilhões de pessoas do planeta, um dia tem exatamente vinte e quatro horas, ninguém tem horas a mais ou minutos a menos. O fato é que algumas conseguem fazer muito mais ao longo do dia, enquanto outras não fazem nem a metade do que se propuseram. E qual é a diferença entre elas? Foco, disciplina e determinação. Quando esses elementos faltam, parece que o tempo também falta.

Um dia escutei uma frase de um empresário que me marcou muito: "Vivo a minha vida no esquema 3x8: oito horas eu trabalho, oito horas eu descanso e oito horas dedico ao lazer, leituras e estudos". E você, o que está fazendo com as suas horas?

Coloque atitude no seu tempo. Intencione três tarefas para o próximo dia rumo às suas metas. Se você se propor a três ações por dia, em trinta dias serão noventa ações! Anote as ideias que vão surgindo, mas não tire o foco do que deve ser feito. Saiba dizer "não" para poder se concentrar.

Faça um checklist das responsabilidades e tarefas. Liste funções a serem delegadas. Abra espaço e dê oportunidade para que as pessoas façam, cresçam e realizem. A zona de conforto do outro pode estar sendo provocada por você.

7.1 Escolha suas ferramentas de gestão e organização

O que não faltam são ferramentas para auxiliar a quem deseja ter um dia organizado e produtivo. Você precisa saber o que existe à disposição e escolher as ferramentas que combinem com a sua rotina e com seu jeito de trabalhar. Elas poupam tempo e ajudam a lembrar e a visualizar as tarefas do dia. Alguns exemplos: agenda física, agenda no celular, aplicativos. Eu, por exemplo, no momento em que escrevo este livro, uso um aplicativo no qual coloco o que preciso fazer, o que estou fazendo e o que estou concluindo, mas é só pesquisar na internet e testar o que melhor se aplica à sua rotina.

7.2 Rastreie o seu tempo

Em 2006, Michael Porter e Nitin Nohria, professores da Harvard Business School, fizeram um estudo sobre o tempo dos CEOs, rastreando a rotina de alguns dos maiores CEOs do mundo durante treze semanas. Um deles foi Tom Gentile, que foi executivo sênior da GE Capital Global Consumer Finance por vinte anos e, hoje, é CEO da Spirit AeroSystems, companhia de 7 bilhões de dólares.

Esta dica, rastreie o seu tempo, e as próximas três foram inspiradas nessa pesquisa publicada na revista *Harvard Business Review Brasil*, na edição de outubro de 2018.[11]

Para rastrear o seu tempo, pegue sua agenda e analise todos os seus compromissos durante um mês. Inclua tudo, não só atividades de trabalho. Quanto mais detalhes, melhor. Quanto tempo você leva para cada atividade, quantas reuniões, quantas viagens, quanto tempo lendo e-mails, quanto tempo passa com a família, quanto

---

11 **HARVARD BUSINESS REVIEW BRASIL**. Na voz de Eduardo Castro. São Paulo: RFM Editores, out. 2018. 1 audiolivro (UBOOK).

tempo passou sozinho, enfim, registre tudo o que você fizer. Mas atenção: uma coisa é o tempo previsto para determinado compromisso (ideal), outra coisa é o tempo que de fato levou (real). Não se engane nesse ponto.

7.3 Respeite a sua agenda

Uma agenda que tem mais cancelamentos e imprevistos do que sinais de visto demonstra que você não está respeitando o seu tempo, o tempo das outras pessoas envolvidas e o seu planejamento. Concorda?

Pegando o exemplo de Tom Gentile, na entrevista citada, ele disse que aprendeu a gerir o próprio tempo observando outros líderes que eram bons nisso, como Dave Nissen, seu chefe na GE. Segundo Tom, mesmo tendo vários compromissos diários e sendo chamado para muitas reuniões e eventos, Dave era implacável com sua agenda e sabia tirar as tarefas menos importantes do seu caminho. Tinha horário para chegar em casa e geralmente o cumpria, usufruía de todos os períodos de férias a que tinha direito e tinha prioridades bem definidas.

É claro que você pode ser flexível em alguns momentos, mas não faça disso um hábito para não comprometer os seus resultados. Em outras palavras, quando a exceção vira regra, é sinal de alerta.

7.4 Seja fiel às suas prioridades

O que mais importa é estabelecer prioridades e ser fiel a elas. Cada tipo de carreira e cada fase dela exigem determinadas prioridades, e cada pessoa sabe o que é importante para os seus resultados, para a sua felicidade e seu bem-estar. Tudo muito bonito na teoria, mas na prática nem sempre é leve assim, não é mesmo?

Portanto, para que essa teoria sobre prioridades se transforme em prática, analise quais são as atividades no trabalho que dependem só de você, fisicamente ou on-line. O que puder delegar, delegue, antes que seja tarde. E o que não puder, assuma, mas controlando o tempo empregado.

"Se não estabelecermos prioridades, alguém fará isso por nós." Essa é uma citação do livro *Essencialismo: a disciplinada busca por menos*,[12] de Greg McKeown. Tem tudo a ver com esse desafio, não é?

Para resumir, coloque na agenda o tempo para a família, para os amigos e para si mesmo. Se essas ainda não são prioridades na sua vida, pense se você não deseja que sejam um dia. Já deseja? Então pare de cancelar e deixá-las para quando der tempo, para quando, talvez, seja tarde demais.

8. REALIZAÇÃO E RESULTADO FINANCEIRO

Como começar a falar de uma das coisas que eu mais acredito e pratico nessa vida? Realização e resultado financeiro andando juntos e crescendo a cada dia. Já adianto que não é uma utopia, mas só é possível se você, mais do que acreditar, levantar da cadeira e fizer por onde. Para ajudá-lo a iluminar esse caminho para a realização com resultado financeiro, vou compartilhar aqui algumas dicas que deram certo na minha jornada e que eu pratico diariamente.

Saiba medir o seu resultado financeiro. Está aí o "calcanhar de Aquiles" de muita gente que, por não saber a sua real situação financeira, pode, inclusive, estar atingindo resultados, mas não chega a saber disso. E a situação inversa também acontece, tudo por causa da falta de gestão financeira do próprio negócio ou da própria vida.

Você não precisa gostar de fazer a gestão financeira, mas sou obrigada a dizer que precisa fazer isso para ter o controle da sua vida e dos seus resultados. Com o tempo, esse controle vira um há-

---

12 MCKEOWN, G. **Essencialismo**: a disciplinada busca por menos. Rio de Janeiro: Sextante, 2015. p. 18.

bito, pode acreditar. Comece do jeito mais simples, como achar mais confortável. O importante é fazer.

Os bilionários não viram bilionários sem saber gerir a própria fortuna. Eles mantêm o hábito de administrar o dinheiro, desde o começo, lá quando ainda tinham pouco com o que lidar. Mas, como todo hábito, precisa ser praticado e entrar na rotina, lembre--se disso.

Controle as suas finanças. Isso não significa que você precisa ser um contador experiente e garantir o demonstrativo oficial dos seus resultados – você pode ter um especialista para isso. Mas, para a estruturação das metas e dos objetivos, é preciso ter clareza sobre sua situação financeira e sobre como começar a dar novos passos.

Tenha um bom relacionamento com o dinheiro. Ele traz felicidade, sim, mas para isso é preciso ter um relacionamento saudável com ele. Mostrar quem manda em quem, quem administra quem, que você sabe o que fazer com ele para que ele esteja sempre por perto. Enfim, dite as regras do jogo, controle e usufrua do que está conquistando com o seu trabalho. Afinal, ganhar dinheiro sem saber aproveitar a vida é ganhar para os outros, não acha?

Sinta-se merecedor de melhores resultados. Atingir melhores resultados é fundamental para ganhar mais dinheiro. Mas, para isso, você precisa se sentir merecedor deles, caso contrário, só vai nadar contra a corrente e, nesse caso, a corrente é você mesmo.

Portanto, mude o seu mindset da escassez ("o que eu ganho é o suficiente para pagar as contas", "não quero mais dinheiro porque só traz brigas e problemas", "dinheiro na mão é vendaval" etc.) para o mindset da abundância ("eu posso e quero ganhar mais dinheiro", "eu mereço ganhar mais", "sou um ímã para dinheiro" etc.).

Melhore todos os dias as suas entregas. Pare de seguir a boiada que nutre pensamentos como "já que eu ganho pouco mesmo, não vou me empenhar" ou "não ganho para isso". A única coisa que esse tipo de pensamento gera é falta – de atitude, de vontade, de fé, de brilho no olho, de perspectiva e, consequentemente, de dinheiro.

Por outro lado, se você acha que ganha pouco pelo que faz, comece a trabalhar como se já ganhasse o que deseja. Estude mais, comprometa-se com desafios maiores, entregue mais do que esperam de você. À medida que tem essas atitudes, você mesmo passa a querer mais, e as pessoas começam a enxergá-lo com outros olhos, como alguém que merece mais.

Não se esqueça dos seus papéis, o tempo não é estocável. Como sempre digo, não podemos ser só profissionais brilhantes se ficarmos sempre devendo para a nossa família. E não adianta justificar que é para ela que você trabalha tanto, viu?

O fato é que a receita para ter mais dinheiro não é passar por cima dos seus outros papéis em prol do sucesso profissional. Mas para isso não virar uma missão impossível, você precisa construir uma base forte de apoio e autoconhecimento, saber com quem pode contar para as tarefas do dia a dia que não possa cumprir, fazer combinados com sua família que incluam as necessidades de todos. Enfim, fácil não é, mas é o único caminho para que sucesso profissional e pessoal andem juntos e se deem bem.

Tenha rotinas prósperas para ter energia, foco, motivação e coragem para resistir às adversidades e ter mais dinheiro. Como sempre falo, sem colocar a disciplina na sua rotina, você complica as coisas para si mesmo. Ao contrário do que se acreditava e se praticava havia alguns anos, ganhar mais dinheiro não significa perder saúde e tempo de vida. Não significa trabalhar doze horas sem parar, sem tirar férias. Não é se perder de si mesmo e da sua família ao longo do caminho.

E o que é ganhar mais dinheiro, afinal? É criar e manter uma rotina de saúde, cuidando da alimentação, fazendo exercícios físicos, criando tempo para o lazer, sem tirar a família da sua prioridade.

Cuidar do seu espírito, da sua fé. É autocuidado. Resumindo, é "criar tempo" em vez de "se der tempo".

Estude finanças e proteja seus rendimentos. À medida que você enxerga a diferença e gosta de saber mais, pega gosto pelo tema. Além disso, não precisa se especializar no assunto para entender dele e saber o suficiente para ganhar mais dinheiro e fazê-lo render.

É importante proteger os seus investimentos, o ato lhe dá segurança no processo para que você não precise depender de ninguém caso as coisas fujam do controle, afinal, ninguém está livre de reveses. Portanto, analise as melhores opções para você e invista também na sua segurança.

Pense grande. Pensar grande não é só ser ambicioso e querer ganhar cada vez mais dinheiro, é pensar em ajudar mais pessoas e não só seus clientes atuais. Pensar grande é enxergar o seu negócio abrangendo muita gente feliz com as suas soluções. No livro *Os segredos da mente milionária*,[13] T. Harv Eker propõe a seguinte reflexão:

> VOCÊ PREFERE RESOLVER PROBLEMAS DE MAIS PESSOAS OU DE MENOS PESSOAS? SE RESPONDEU MAIS, VOCÊ PRECISA COMEÇAR A PENSAR GRANDE E DECIDIR AJUDAR UM GRANDE NÚMERO DE PESSOAS – MILHARES, MILHÕES ATÉ. O EFEITO DISSO É QUE, QUANTO MAIS GENTE VOCÊ AUXILIAR, MAIS "RICO" FICARÁ NOS PLANOS MENTAL, EMOCIONAL, ESPIRITUAL E, POR FIM, FINANCEIRO.

Agora, convido você a se questionar sobre isto: você controla o dinheiro ou é ele que controla tudo? Como você se relaciona com ele? Onde você coloca o seu dinheiro? Transforma ou gasta com suas necessidades emocionais?

---

13 EKER, T. H. **Os segredos da mente milionária**. Rio de Janeiro: Sextante, 1992. p. 75.

E mais importante que isso é refletir e mudar o seu comportamento em relação ao dinheiro e ao caminho para chegar a ele. Caso contrário, você poderá até atingir sua meta financeira, mas não conseguirá sustentá-la a longo prazo.

2ª JANELA: RELACIONAMENTOS

Tudo o que falam, compartilham e fazem as pessoas com as quais você convive e se une – pais, avós, irmãos, companheiro, filhos, amigos, colegas – impacta a sua vida de modo natural e, exatamente por isso, muitas vezes essa forma é imperceptível. Essas pessoas influenciam nos seus comportamentos, atitudes, crenças, pensamentos e naquilo que você coloca seu foco.

Você já deve ter reparado que pessoas que convivem muito acabam, naturalmente, frequentando os mesmos lugares, comprando nos mesmos locais, usando as mesmas expressões e se comportando de maneira parecida. Pois é, percebo que muita gente boa, com conhecimento, experiência e talento, não presta atenção nesse ponto e acaba tendo uma vida limitada por causa disso.

Você é a média das cinco pessoas com quem mais convive. Já ouviu isso? Acredito nessa afirmação e também acredito que você possa elevar a sua média nos seus relacionamentos. Negativismo, positivismo e tudo o que recebe, quando não filtrados, acabam sendo modelados, projetados e colocados em prática; é automático, faz parte do ser humano. Por isso é fundamental que você pare e reflita sobre as suas relações, sobre as pessoas que fazem parte da sua vida.

Com quem você divide a mesa, a cama, os sonhos e o dia a dia? Quem são seus colegas de trabalho? Quem são seus amigos, aqueles com quem você tem contato frequente? Onde você se abastece de conhecimento, cultura e afeto? Com quem você aparece na foto? Como essas pessoas agem com você? Pense no quanto as suas relações agregam, como impactam a sua autoestima, a sua autoimagem e a sua carreira.

Se você escolhe que alguém compartilhe ou frequente a sua casa ou que conviva com você, deve alinhar as regras e combinados para não desgastar as relações. Os papéis de cada um devem ser claros, assim como as regras.

Aproveite para refletir sobre o seu papel dentro dessas relações. O quanto você tem investido nos relacionamentos que lhe fazem bem? Essas pessoas sabem que podem contar com você ou você fica na posição reativa, esperando que elas façam contato?

Além das relações que já tem, pense também naquelas que gostaria de ter. Com quem você deseja andar e o que precisa fazer para que essas pessoas também queiram conviver com você?

FAMÍLIA E AMOR

A família e o amor são pilares fundamentais para que o sucesso aconteça. É aquela força a mais que você tem para se manter em movimento, em evolução, para perceber seu resultado acontecendo. Isso é o que os estudos e pesquisas mostram, e é nisso que eu acredito. Afinal, o sucesso é equilíbrio, é você conseguir estar em paz com todos os aspectos e papéis da sua vida. O amor, na minha opinião, é a base de tudo. Receber e ofertar afeto empodera qualquer alma. Um ser humano sem afeto com certeza tem seus comprometimentos emocionais. Em abundância, ofereça afeto às pessoas que estão ao seu redor e a quem você ama de verdade. Ofereça carinho, seu colo, sua atenção e o que elas precisarem.

Junto ao amor, há a família, que é a base, que inspira, educa, mostra o caminho. Além disso, ela compartilha crenças ao longo de uma vida que podem levá-lo muito longe, que o desafiam a aprender e a fazer diferente, cada vez melhor. Preste atenção em como estão seus vínculos dentro de sua família. Lembre-se: as pessoas oferecem o que têm capacidade para dar. O que estiver faltando ofereça você mesmo, em dobro, pois é disso que essa pessoa mais precisa.

Nunca abandone a busca de ser uma versão melhor de si mesmo. Esteja sempre se desafiando, compartilhando e influenciando quem está ao seu redor. Seja um ser humano cada vez melhor e não deixe de refletir sobre o papel que desempenha na sua família.

COMO OS SEUS RELACIONAMENTOS INFLUENCIAM NA SUA CARREIRA

Como podemos alinhar relacionamentos e carreira? Por que algumas pessoas têm tanta dificuldade em conciliar esses dois aspectos da própria vida? Como ter equilíbrio sem abdicar de nenhum?

Lançarei uma luz sobre três pontos que considero essenciais e que fazem parte do meu método para ajudar as pessoas a crescer, a destravar e a buscar aquilo que é importante para elas dentro dos seus relacionamentos. Procuro me basear também no que tem dado certo ao longo dos meus dezenove anos de relacionamento. A pessoa com quem você divide a vida diariamente, com quem você acorda e dorme deve ter acesso às suas verdades e necessidades com naturalidade e ser a primeira a ajudá-lo, se necessário. Curtir com você as suas alegrias e realizações, afinal, por que temos um relacionamento? Para dividir ou para somar?

Um relacionamento se constrói a partir do seu EU + o outro EU = NÓS. Uso essa frase com muita frequência porque representa bem o que penso sobre o tema. Oferecemos para o outro somente aquilo que está fluindo dentro de nós. Então, se eu quero despertar amor, carinho, paixão, tesão, preciso primeiro de autocompaixão, de cuidar de mim. Me conhecer, saber do que gosto, do que não gosto, reconhecer minhas fraquezas e aprender a lidar com elas, cuidar da minha saúde e da autoestima, compartilhar meus objetivos, meus sonhos.

Nós dois juntos podemos construir. Quando você escolhe dividir a vida e os sonhos com outra pessoa, é fundamental ter diálogo, fazer acordos em família, assim as alegrias e as tristezas serão compartilhadas e acolhidas. Abrir-se a críticas e ter maturidade para equilibrar as diferenças e os desejos que não se alinham se faz necessário ao longo do relacionamento.

Você pode ter um perfil comportamental diferente do da pessoa com quem se relaciona e, mesmo assim, o relacionamento fluir muito bem. Na minha opinião, o que é preciso ter desde o início é clareza absoluta sobre o que a pessoa valoriza. Como vimos até aqui, esses traços são difíceis de serem mudados e é preciso força de vontade para se desenvolver, para se tornar alguém melhor. Os valores sempre vão influenciar todas as decisões e atitudes, por isso, preste bem atenção nesse ponto.

Partindo desse princípio, a carreira é totalmente influenciada pelo relacionamento. Experimente estar em um ambiente onde ninguém o apoia, escuta e ajuda. Sabendo disso, construa o relacionamento que você quer ter. Vou falar por mim. Sempre foi extremamente importante contar com meu parceiro na minha carreira profissional. Estamos juntos desde que saí da faculdade, nos apoiamos mutuamente e unimos forças para crescer nas nossas carreiras.

Além de amor e carinho, um relacionamento pode ter ingredientes de força, tais como: apoio nas decisões; investimentos, quando necessário; compreensão em aceitar o tempo extra para estudar; apoio para poder exercer vários papéis. Isso tudo praticamos em casa. É claro que existem contratempos de vez em quando, mas com essa estrutura fica mais fácil construir, transformar. Quando os dois estão realizados, a vida flui. Só que só flui na carreira porque está fluindo no relacionamento afetivo, só flui no relacionamento porque existe autoestima, autoconfiança. A aceitação está acontecendo. Consegue perceber como tudo está interligado? Onde tudo começa? Por isso, ressalto, o ponto crítico são os acordos e regras que fazemos nos relacionamentos.

Convido-o a refletir sobre estes pontos: como vocês estão cuidando um do outro? Quanto do que você pensa você compartilha com seu parceiro? Aonde vocês querem chegar juntos e como cada um realizado pode contribuir para que isso aconteça?

Reconheça quem o apoia, ajuste o que precisa.

COMO OS RELACIONAMENTOS PODEM TRAVAR A SUA VIDA

Viver um relacionamento destrutivo, em casa ou no trabalho, pode se tornar rotina sem que você perceba. Acreditar que um dia as coisas mudarão é a esperança que mantém muitas pessoas presas e acreditando que um dia o outro vai melhorar.

Você pode estar dentro da situação, tão dependente das suas desculpas e amarrado nas necessidades emocionais que criou que pode não enxergar que está vivendo uma relação destrutiva, que abafa seu talento, mata seus sonhos e o fere emocionalmente. Uma relação é abusiva quando desfavorece, menospreza e minimiza você. Qualquer coisa é motivo para alimentar situações de conflito e desconforto. Tudo é tão automático que o que destrói passa a ser visto como normal. Você pode estar tão acostumado com a forma como vive que, quando alguém tenta mostrar algo diferente, você acha que o estão atacando.

Acreditar que a mudança do outro um dia vai acontecer sem ele desejar é a mentira que muitas vezes mantém pessoas em vidas fracassadas e infelizes pela dependência, falta de coragem e necessidade financeira. Sei que é um tópico delicado, mas precisamos disso porque, se eu fizer diferença na vida de uma pessoa, já terei cumprido a minha missão em relação ao assunto.

Meu objetivo é ajudá-lo a criar consciência sobre como você vive suas relações e que movimentos podem contribuir nesse aspecto. O poder da mudança é muito particular e está dentro de cada um de nós; não conseguimos que o outro tome atitudes que não deseja e nem todo mundo se compromete o bastante para que a mudança ocorra.

Para finalizar esta parte, pense sobre a importância de administrar as suas relações e os conteúdos que estão influenciando a sua vida. Essa é a força que pode puxá-lo para baixo; use-a a seu favor e não contra si mesmo.

No espaço abaixo, escreva sobre as suas relações:

Quais são as principais pessoas com as quais convivo?

_____

_____

_____

O que estou absorvendo dessas pessoas?
Como posso me inspirar?

_____

_____

_____

Com quem eu gostaria de conviver?

_____

_____

_____

Em quem eu me inspiro ou vou me inspirar a partir de agora?
Por quê?

_____

_____

_____

3ª JANELA: COMPETÊNCIAS, PONTOS FORTES E GESTÃO DA CARREIRA

Agora que você já passou pelas janelas dos hábitos e rotina próspera e dos relacionamentos, é o momento de saber como as suas competências e pontos fortes podem colaborar para o destrave e para as mudanças que deseja fazer na sua vida. Vou mostrar como você pode desenvolver e ativar cada um deles para crescer ainda mais como ser humano e como profissional. Além disso, vou abordar o caminho para uma gestão da carreira que considere todos esses pontos.

Antes de começar a falar sobre competências e pontos fortes, preciso trazer dois temas fundamentais: a autoestima e a autoconfiança. Sem elas, você não consegue evoluir no que é bom, simplesmente porque não enxerga as suas habilidades. Em outras palavras, a falta de autoestima e de autoconfiança fazem com que você foque os seus pontos críticos ou fracos e nem enxergue seus pontos fortes.

AUTOESTIMA

Autoestima é o valor que você atribui a si mesmo e não ao mundo externo. O que você ouviu e ouve ao longo da vida é o que a constrói. Algumas pessoas a mascaram com o que vestem e com a forma como se arrumam, ou seja, com coisas. Porém, isso não garante que elas estejam satisfeitas consigo mesmas, nem que encontrarão o equilíbrio.

Por outro lado, a pessoa que tem autoestima elevada demonstra ser positiva, enérgica, criativa e produtiva no que se propõe a fazer. Ela reconhece o seu valor e se posiciona. Já quem tem baixa autoestima acredita ser inferior, inadequado e carece de autoconfiança. No ambiente em que está inserida, essa pessoa não tem confiança no próprio potencial nem coragem para agir, sente medo de errar e também do que o outro vai pensar.

Falar desse tema é refletir sobre o quanto é importante estar bem consigo mesmo para produzir os resultados que deseja alcançar. Energia e aceitação impulsionam decisões. Quando você não se aceita, não está feliz consigo mesmo e deseja o tempo todo o que não tem é porque o desequilíbrio está permeando a sua rotina.

O que contribui para a autoestima é o autoconhecimento, do qual já falei aqui. É preciso se conhecer e reconhecer o que está ocupando espaço desnecessário na sua vida. Identifique a causa de sua insatisfação consigo mesmo, porque esse sentimento tira o foco da sua prosperidade. Existem inúmeras oportunidades para que você identifique esses pontos e elas estão todas ao seu alcance.

Então enxergue seus pontos fortes, no que você se destaca, e invista nisso. Busque sua melhor versão, você se comparando com o que já fez e não com o que os outros já fizeram. Respeite sua trajetória, pois ela não é igual a de ninguém e, por isso, você não pode se comparar com os outros, porque a base não é a mesma, entende? Se você não se aceitar, se não estiver satisfeito com o que vê diante do espelho, vai mirar nas conquistas do outro. Concentre-se, observe-se e decida o que precisa fazer e deixar de fazer para se sentir melhor consigo mesmo.

Deixo aqui algumas reflexões que o ajudarão a identificar como está a sua autoestima hoje.

Como você se sente em relação a si mesmo, sua aparência, seu jeito, sua trajetória, suas conquistas e desafios? O que precisa melhorar?

_____

_____

_____

Quais são os seus pontos fortes?

_____

_____

_____

Você precisa de elogios para se motivar?

_____

_____

_____

Faz tudo para agradar as pessoas à sua volta?

_____

_____

_____

Sente-se inferior aos outros? Em que sentido? Seja específico.

_____

_____

_____

AUTOCONFIANÇA X INSEGURANÇA

Sei que eu poderia trazer somente a autoconfiança para o título desse tema, mas creio que ficaria incompleto. Sabe por quê? Porque, querendo ou não, a insegurança faz parte das nossas vidas e devemos compreender que ela existe e que podemos viver bem mesmo com ela por perto. O desafio é impedir que esse sentimento nos paralise.

A sua autoconfiança e a sua insegurança estão em caminhos opostos, mas que se complementam. Vou dar alguns exemplos de insegurança que já passaram pela minha trajetória como mentora e pela minha própria vida: "Sou inseguro na minha carreira porque acho que não sei o suficiente". "Sou inseguro para negociar e para vender o meu trabalho." "Tenho dificuldade em me posicionar e cobrar pelo que eu entrego e pelo que eu mereço." "Sou inseguro porque vejo tantas pessoas fazendo as coisas, será que eu realmente sei o que eu preciso para ir lá e me posicionar?" "Sou inseguro no meu relacionamento, não sei se ele ou ela gosta mesmo de mim." "Tenho dúvidas se estou educando os meus filhos da melhor forma." "Não sei se a empresa está satisfeita com o que tenho a oferecer."

Afinal, como se transformar em uma pessoa mais autoconfiante e segura? Não existe uma regra única para isso, mas costumo seguir esta: o que traz autoconfiança é você investir no que lhe falta, e geralmente o que falta é conhecimento. Tudo o que você não sabe é porque não buscou. Se você está inseguro, é porque faltam conhecimentos suficientes para tomar uma decisão. Por exemplo, quando você mergulha de cabeça para ser excelente no que faz, você vai estudar, vai decidir o que precisa ser feito, vai compartilhar suas responsabilidades. Se não conseguir separar vinte minutos por dia para se aprimorar, me desculpe, mas você não decidiu ser melhor.

A autoconfiança vem do conteúdo, do conhecimento. Então desapegue do que não lhe agrega, desconecte-se do palco do outro e mire no que vai colaborar com o seu desenvolvimento. Pergunte a si mesmo o quanto você está seguro para encarar a vida que quer ter. O que o atrapalha e incomoda?

"

Fortaleça a sua autoconfiança,
ela vai levar você até onde quer chegar.

Agora escreva como está a sua autoconfiança.

**Em quais situações você se sente inseguro?
Como age nesses momentos?**

_____

_____

_____

**Que conhecimentos você precisa buscar para
ter mais autoconfiança e segurança?**

_____

_____

_____

**Que ações você colocará em prática
para se tornar mais autoconfiante?
Precisará de ajuda (terapia e tratamentos)?**

_____

_____

_____

TALENTO

Ninguém tem muitas dúvidas quanto à definição de talento, que também pode ser chamado de dom. É tudo aquilo que você faz bem, com facilidade, que o destaca de uma forma natural. Por exemplo, o talento que observo em mim é a negociação, uma coisa que faço sem tanto esforço e que geralmente traz resultados positivos.

E agora vou entrar em um ponto bem importante. Muita gente confunde talento com ponto forte, mas não são a mesma coisa. Segundo Tom Rath, em seu livro *Descubra seus pontos fortes 2.0*,[14] talento é uma maneira natural de pensar, sentir ou se comportar, enquanto ponto forte é a capacidade de apresentar de modo consistente um desempenho próximo à perfeição. Veja a equação que o autor criou para mostrar como talento e ponto forte se encontram e funcionam.

> **X** **Talento** (uma maneira natural de pensar, sentir ou se comportar)
>
> **Investimento** (tempo dedicado à prática e ao desenvolvimento de suas habilidades e de sua base de conhecimento)
>
> ————————————————————
>
> **=** **Ponto forte** (capacidade de apresentar de modo consistente um desempenho próximo à perfeição)

Ou seja, um talento com tempo, dedicação e dinheiro investidos pode se transformar em um ponto forte. Portanto, não adianta nada ter um talento se você não o lapida, melhora, investe nem se dedica a ele. O que mais tem por aí são talentos desperdiçados, seja porque a pessoa não foca neles, seja porque ela nem sabe que eles existem. Uma verdadeira pena, não acha?

Por isso dedique-se primeiro a descobrir o seu ou os seus talentos – isso se você já não sabe – e depois invista nele para criar seus pontos fortes e se destacar. Para descobrir o seu talento, comece falando com pessoas próximas. Pergunte como elas enxergam você. Além disso, fique atento aos feedbacks da sua equipe, de quem já

---

14 RATH, T. **Descubra seus pontos fortes 2.0**. Rio de Janeiro: Sextante, 2019. p. 27.

trabalhou e trabalha com você, dos seus clientes e parceiros. Esteja aberto a essas respostas e a todos os sinais.

Essa descoberta é importante porque, a partir daí, você pode investir no que é bom e, com disciplina, você avança. Isso lapida o seu propósito. Quando você descobre o seu talento, você se conecta com quem é e consegue impactar por meio do seu trabalho e da sua marca deixando seu legado no mundo. Dessa forma, você alinha quem é com o que quer e, assim, desperta para a prosperidade.

Resumindo, muna-se de disciplina, destrave o seu talento e abrace aquilo em que você é excepcional!

COMPETÊNCIAS COMPORTAMENTAIS ESSENCIAIS

O quadro abaixo mostra algumas das principais competências – habilidades, comportamentos e atitudes – para qualquer profissional que queira fazer a diferença na sua área de atuação e no mundo.

HABILIDADES	COMPORTAMENTOS	ATITUDES
Comunicação	Decisão	Liderança
Resolução de problemas	Disciplina	Inovação
Automotivação	Foco	Visão de futuro
Flexibilidade	Resiliência	Busca por desenvolvimento
Planejamento	Comprometimento	Posicionamento
	Paciência	

Vou me aprofundar em algumas competências que considero extremamente importantes diante de tantas transformações externas e incontroláveis no mundo.

Adaptabilidade e resiliência. Diante de cenários complexos e em constantes transformações, o profissional precisa saber trabalhar em meio a pressões e incertezas. Através da resiliência, é possível desenvolver uma postura otimista e enxergar eventuais crises como oportunidades de crescimento. Vamos praticar estes verbos: adaptar, repensar, reposicionar, flexibilizar.

Visão estratégica. A visão estratégica sempre foi necessária, mas agora é lei. Frente a tantos desafios e à velocidade dos acontecimentos, você deve saber analisar as possibilidades e riscos dos ambientes em que está inserido profissionalmente para poder inovar e fazer acontecer.

Pensamento crítico. O pensamento crítico é um guia na tomada de decisões. Questione a realidade e analise uma situação sob diferentes ângulos. Dessa forma, o caminho e as estratégias ficam mais claros.

Colaboração e trabalho em equipe. É preciso unir pessoas de diferentes áreas do conhecimento para sermos capazes de enfrentar os desafios do caminho. Por isso, é fundamental saber trabalhar em equipe e se comunicar bem, expondo as suas ideias e sabendo escutar o outro.

Criatividade e inovação. Estar atento às novas demandas e transformações no mundo e nos mercados e saber criar soluções inovadoras para os problemas que estão surgindo é um caminho sem volta. O mundo precisa de profissionais ágeis, criativos, curiosos e inovadores. Identifique como você pode inovar com o que você faz ou sabe. Reflita sobre estes pontos: o que você faz e entrega hoje? Onde o seu *"core"*, a sua entrega aparece? Qual é a sua capacidade? Como você impacta? Como pode fazer melhor aquilo que já sabe?

Compaixão e empatia. O mundo precisa da sua melhor versão, e a empatia faz parte dela. Quando somos empáticos, abrimos um mundo de possibilidades, melhoramos os nossos relacionamentos e o mundo todo fica melhor. Portanto, procure se colocar no lugar do outro, entender sob a ótica e as experiências da pessoa o que ela está sentindo e querendo.

Coragem. Iniciativa e ousadia para sair do óbvio, para fazer diferente, para entregar, para compartilhar. Invista nisso. Tenha coragem de ser audacioso, de se posicionar, de ir em frente, de fazer mais e melhor.

Proatividade e agilidade. Para quê? Para lidar com os problemas e focar na solução. Se está na tua mão, resolva. Não espere, entre em ação. Tenha inteligência criativa para fazer as coisas, isto é, apodere-se do que está acontecendo e busque a solução.

Comunicação. Ter uma boa comunicação para transmitir a sua informação, para você impactar com seus conhecimentos. Você precisa se fazer entender na transmissão daquilo que você sabe, seja na internet, entre suas conexões ou nos negócios.

Saber vender suas ideias. Você pode até encontrar pessoas oferecendo a mesma coisa que você, mas nenhuma tem a sua competência, capacidade e experiência. Então, se você está perdendo espaço, é porque talvez não esteja desenvolvendo a capacidade de vender o seu talento, aquilo que sabe fazer, com integridade e honestidade.

Decisão. Na minha visão, um dos principais comportamentos do ser humano rumo a transformações internas e externas é a decisão. Se você decide, você entra em ação. Você decidiu ler esta obra e seguir lendo, isso foi uma decisão que o levará a outros níveis – destrave, reflexões, atitudes. Se você unir à decisão atitudes como humildade, perseverança, pedindo ajuda e não enchendo a mochila com o que não consegue carregar, movimentos importantes iniciarão na sua vida.

Foco. Coloque foco no que precisa ser feito com consistência, continuidade e disciplina, porque de nada adianta fazer algo por três dias e depois largar. As pessoas enxergam o seu sucesso como se tivesse acontecido da noite para o dia, mas elas não veem toda a construção que está sendo feita há anos.

Autorresponsabilidade. Você precisa ter autorresponsabilidade, consciência de que o ambiente externo tem seus movimentos. Por exemplo, uma crise possivelmente vai impactar a sua carreira, mas você pode decidir como vai reagir a ela, será com resiliência ou se desesperando e desistindo de tudo? Se você não estiver preparado, a sua primeira reação será desistir.

Portanto, procure saber quais dessas competências são importantes para você evoluir na sua atividade profissional e invista nelas. Existe o seguinte dito: "Não mande patos para a escola de águias". Ambos voam, mas não frequentam a mesma escola. Talvez lhe digam: "Faça isso, não faça aquilo, comece tal curso, invista em determinadas coisas", mas tudo isso só o deixará ainda mais perdido, e sabe por quê? Se você está infeliz com o que faz, precisa se conhecer para não aceitar qualquer caminho.

Para evitar que você perca o foco, a minha dica é: **escolha três competências importantes para a sua carreira e jogue todas as suas fichas nelas**. Invista em cursos, aprimore-se no que já é bom, peça feedback, busque informações, siga quem já conseguiu se destacar, leia muito. Utilize todas as ferramentas que estão ao seu alcance e faça acontecer.

Mesmo focando essas competências, lembre-se que existem habilidades importantes e bem-vindas em todas as profissões e atividades. Por exemplo, a capacidade de se comunicar e de se relacionar bem, de resolver problemas, a resiliência, a automotivação e a flexibilidade são habilidades capazes de ajudá-lo a chegar aonde deseja com mais facilidade e naturalidade.

Agora proponho que você preencha a tabela a seguir com suas competências atuais e as que quer desenvolver. Pense em como você pode desenvolver essas competências (cursos, palestras, terapia ou outras técnicas de autoconhecimento).

Competências atuais	Competências a desenvolver

A partir de agora, vou falar sobre um dos meus temas preferidos da vida, a disciplina. Ela é essencial para você conseguir aprimorar e desenvolver suas competências e para focar no que precisa ser feito.

A IMPORTÂNCIA DA DISCIPLINA

A disciplina é fundamental para desenvolver competências, instalar novos hábitos na vida e para evoluir em todas as esferas que você deseja. Mas, antes de nos aprofundarmos no assunto, alerto que você precisa se livrar de algumas crenças relacionadas à palavra disciplina que podem afastá-lo dela sem que você se dê conta.

As pessoas costumam vincular o termo com a ideia de regras, rigidez, obrigações chatas e assim por diante, não é verdade? E desse jeito vão se afastando de todos os benefícios que a disciplina pode trazer para a vida, como foco e determinação para realizar sonhos e projetos.

O que você ganha sendo uma pessoa disciplinada, afinal? Com ela, você vai até o fim e não desiste, mesmo com os desafios pelo caminho. Algumas coisas que você ganha: mais foco, mais tempo livre, melhor qualidade de vida, menos frustrações e culpa, menos desculpas, uma rotina mais prazerosa, mais produtividade, mais sonhos e projetos realizados.

Sempre digo que a disciplina é o meu comportamento preferido porque sei, por experiência própria, os benefícios que ela gera quando é praticada no dia a dia. Sem disciplina, estagnamos, não cuidamos de nós mesmos e nem fazemos o que deve ser feito no trabalho e na vida pessoal.

COMO TER MAIS DISCIPLINA

Para ter mais disciplina na vida, vou compartilhar algumas dicas com você.

Primeiro saiba o que você quer e aonde quer chegar. Afinal, ter disciplina nas coisas erradas não vai levá-lo à realização. Sendo assim, resolva quais são seus sonhos e objetivos e trace metas. Decida se quer mudar e em quem quer se transformar. Mesmo que essa etapa leve um tempo maior, invista nela, caso contrário, sua disciplina será desperdiçada.

Tenha planos possíveis. Os planos ideais nem sempre são os planos possíveis para este momento da sua vida. Eles precisam casar com a sua rotina e com suas necessidades, caso contrário, os resultados serão procrastinação e frustração. Como sei que você não quer isso, a solução é criar metas possíveis, mesmo dentro de um sonho grande e ambicioso. Por exemplo, mesmo que você precise perder 10 quilos, em vez de focar em emagrecer tudo isso em um mês, pense em perder 2 quilos nesse período e vá cuidando para perder mais traçando novas metas.

Transforme a disciplina em um hábito prazeroso. Ninguém disse que ela precisa ser um fardo, se bem que antigamente é bem provável que tenham dito isso. Mas hoje sabemos que ela é uma aliada e, antes de qualquer coisa, é um hábito, não uma punição.

Para que essa mudança de mindset seja possível, crie algumas recompensas na sua rotina, como brindar um pequeno passo na sua trajetória, uma pequena vitória, um limite que você superou, enfim, comemore sempre que possível.

Em outras palavras, a disciplina não pode existir somente pelo resultado, mas pelo processo também; você se sente com atitude, fazendo por merecer: uma força que faz acontecer. Portanto, adicione alguns ingredientes na receita da disciplina como flexibilidade, prazer, gratidão a cada passo, tempo para você. Dessa forma, você evita a temida procrastinação e corre menos riscos de desistir dos seus sonhos e objetivos ao longo do caminho.

Não deixe seu cérebro boicotar você. A nossa mente costuma nos pregar peças o tempo todo. Coisas do tipo: "você merece", "deixa para depois", "você não vai conseguir", "você não sabe fazer isso", entre tantos outros boicotes. Quem nunca? Por outro lado, se você tiver disciplina, você se condiciona a não seguir esses "conselhos" e a seguir no caminho, mesmo continuando a ouvir essa voz indesejada.

Dê o primeiro passo. Ter disciplina não é só planejar, é fazer. Gente que faz é gente que simplifica as coisas, que dá o primeiro passo, nem que seja bem pequeno. Na mesma linha, não espere o medo ir embora para agir. Faça hoje, agora, um pouco todos os dias. É só assim que você consegue chegar aonde deseja.

Se, mesmo com tudo isso, você acha que não é capaz, fique perto de pessoas que são disciplinadas e veja como elas fazem. Você, provavelmente, vai perceber que elas também sentem medo, se sentem um fracasso muitas vezes, mas, mesmo assim, não se deixam paralisar.

Organização mínima. Uma pessoa disciplinada quase sempre é uma pessoa organizada. Ela sabe criar e administrar uma rotina: o que fazer, o que não fazer, o que precisa ser realizado imediatamente, o que pode ser deixado para depois, o que precisa ser feito todos os dias etc.

Então consegui convencê-lo de que o sucesso está diretamente ligado ao seu nível de disciplina? Espero que sim e, mais que isso, espero ter motivado você a usar a disciplina a seu favor.

COMO DESENVOLVER AS COMPETÊNCIAS DE QUE VOCÊ PRECISA

Sabendo qual é ou quais são os seus talentos, fica mais fácil identificar quais as competências que você precisa e como desenvolvê-las. Separei algumas dicas para ajudá-lo nessa missão.

Modelagem. A modelagem é uma técnica que pode impulsionar a sua vida em todas as áreas. A lógica é a seguinte: se alguém já conseguiu, você também consegue. Ela nos mostra que é possível encurtar o caminho observando o caminho do outro. Não se trata de imitar ou ser uma réplica de alguém, mas, sim, de absorver as estratégias, as atitudes, os comportamentos, os relacionamentos, tudo isso pode mostrar a área em que você deve investir suas energias para chegar àquele resultado.

Essa pessoa pode ser alguém próximo ou só alguém que você segue e admira. Você pode interagir com ela para compreender melhor como ela faz ou pode apenas observá-la. É possível ter muitas experiências modeladas, cuidando sempre para não perder a sua essência, o seu tempero, o seu estilo, a sua história de vida, tudo aquilo que o torna único.

Portanto, reflita sobre quem são as pessoas que o inspiram, que você admira. Eu, por exemplo, tenho mais de uma pessoa que eu modelo, com pontos específicos de cada uma. Em 2012, realizei o sonho de estar com uma delas: Anthony Robbins. Foi um momento de virada na minha carreira, em que tomei decisões importantes, vi a forma dele de fazer e compartilhar. Não tenho contato direto com ele, mas é alguém que me inspira e me atualiza na minha área, ficando sempre no meu radar.

"Aproxime-se de pessoas que fazem você enxergar o mundo de outras formas. É assim que o inesperado aparece." Mauricio Benvenutti em *Audaz*.[15]

---

15 BENVENUTTI, M. **AUDAZ**: as cinco competências para construir carreiras e negócios inabaláveis nos dias de hoje. São Paulo: Editora Gente, 2018. p. 160.

Interprete até assimilar. Sei que não é da noite para o dia que você vai desenvolver uma nova competência, por isso a minha dica é: até você conseguir assimilá-la bem, interprete assim como um ator faz com um personagem. É isso mesmo, finja que você já tem tal habilidade e aja de acordo com ela. Você não tem nada a perder.

Aproveite o durante. Não só aproveite, mas absorva tudo o que acontecer no caminho, ou seja, enquanto você busca desenvolver as suas competências. Esse durante pode ensinar mais do que você imagina e, além disso, você pode desenvolver outras habilidades inesperadas e tão positivas quanto aquelas que estava buscando. O objetivo pode ser ótimo, mas o caminho pode ser melhor ainda, basta você estar aberto a enxergá-lo.

Aceite os empurrõezinhos. Me refiro aqui a aceitar toda ajuda que facilite o desenvolvimento das competências. Tudo o que contribuir para o seu autoconhecimento e para a sua inteligência emocional. Terapia, mentoria, cursos, leituras, meditação, enfim, tudo o que for necessário. O bom é que as opções são inúmeras, e você pode escolher a que melhor se encaixa na sua vida.

Atualize seu planejamento de carreira. Quando você faz essa atualização, enxerga a sua evolução ou a sua estagnação. Você percebe que está adquirindo novas competências, que está se atualizando, que está evoluindo na sua área ou migrando para outra.

Seja qual for a sua situação, o importante é enxergá-la, porque muitas vezes vamos correndo pelos dias e não percebemos para onde estamos indo ou, o que é ainda pior, não percebemos que não estamos indo para lugar algum. Portanto, esteja atento às suas movimentações e valide cada passo que der rumo ao seu objetivo.

Dê um jeito, mas não dê mais desculpas. Se você quer adquirir e desenvolver competências, livre-se de coisas que não cabem mais na sua mala de viagem, hábitos nocivos que não combinam com as novas habilidades. Alguns exemplos: procrastinação, preguiça, medo, desculpas para não fazer o que deve ser feito, entre outros. Seja mais forte do que todas as suas desculpas.

Acredito muito na frase que Joel Moraes diz sobre o tema no seu livro *Esteja, viva, permaneça 100% Presente*:[16] "Não se culpe pelo que não sabe, mas procure saber tudo de que precisa".

Fique com essa frase na cabeça e comece a treinar as suas habilidades e competências para que elas impulsionem o seu caminho até seus objetivos.

CHA – COMPETÊNCIA, HABILIDADE E ATITUDE

Agora que você já tem o caminho para descobrir o seu talento e desenvolver as competências de que precisa, é hora de saber o que fazer com tudo isso. É o momento de ter a atitude de entrar em cena, porque sem ela nada acontece, não é verdade? Portanto, pegue suas competências e suas habilidades e coloque a atitude para comandar tudo isso. Entre em ação!

Registre aqui as suas próximas ações/atitudes para desenvolver seus talentos, suas habilidades e suas competências. Pense nisso e comprometa-se com as suas atitudes.

No que eu quero me destacar?

_____

_____

_____

_____

---

16 MORAES, J. **Esteja, viva, permaneça 100% Presente**: o poder da disciplina, do foco e dos mini-hábitos para conseguir realizar seu potencial máximo. São Paulo: Editora Gente, 2019. p. 180.

Como quero ser reconhecido?

_____

_____

_____

**Quais atitudes terei para desenvolver
minhas competências e habilidades?**

_____

_____

_____

Tendo o CHA bem definido, você consegue reagir rapidamente às adversidades da vida e da carreira por meio do que é seu: seu talento, suas habilidades e suas competências. Ninguém pode tirar isso de você, mas só você pode ativá-los, reconhecendo-os e investindo neles.

GESTÃO DA CARREIRA

Aqui eu o convido a refletir mais especificamente sobre a sua carreira (situação atual) e, em seguida, abordo as estratégias de carreira e como ter alta performance e acelerar os seus resultados.

Carreira, na minha visão, é igual à sua profissão. Ela vem antes de ser empreendedor, de ser empresário ou de ser funcionário. Carreira é o que você escolheu para se especializar, é a sua referência, é a sua autoridade, é o que você sabe fazer. Você decide se quer empregar isso dentro do negócio de alguém ou dentro do próprio negócio. Então gerir a carreira é gerir os conhecimentos específicos que você possui para atuar em uma determinada profissão. É uma atitude que todo mundo deveria ter.

Antes de qualquer coisa, você precisa avaliar a sua vida profissional atual. Não tenha preguiça ou medo de se questionar. É a partir das perguntas que as respostas certas chegam. Vou dar alguns exemplos. Você está estagnado? Em processo de mudança? Trabalhando para buscar o próximo nível? Ou será que você deseja investir em outra carreira? Ter o próprio negócio? Pedir demissão do trabalho atual? O que você não está fazendo pela sua carreira?

O medo de mudar, de fazer diferente, de buscar outros resultados estará sempre presente, por isso você precisa lidar com ele e torná-lo um parceiro. Convido-o a refletir sobre os questionamentos que trago aqui conforme vou avançando no tema de gestão da carreira. Neste primeiro, em especial, seja hiper-realista e responda com toda a sinceridade.

EXERCÍCIO: DESTRAVE SUA CARREIRA (1)

Quanto você ganha hoje?

_____

_____

_____

Quão satisfeito está com isso?

_____

_____

_____

JANELAS

Você se contrataria ou mandaria embora uma pessoa que apresenta o resultado que você entrega?

_____

_____

_____

Está confortável desse jeito?

_____

_____

_____

Foi isso que planejou para a sua carreira ou não teve planejamento até agora?

_____

_____

_____

Você está estagnado esperando que alguém defina ou diga "faça isso", "não faça isso" ou já deu um basta e tomou as rédeas da sua carreira?

_____

_____

_____

O que você ajuda as pessoas ou empresas a resolver?

_____

_____

_____

Como você gera lucro para o ambiente em que está inserido?

_____

_____

_____

No que você é excepcional e se diferencia?

_____

_____

_____

**Quais foram seus resultados profissionais
nos últimos cinco anos?**

_____

_____

_____

**Qual feedback você tem recebido sobre
a sua entrega profissional?**

_____

_____

_____

**O quanto você consegue ficar focado e
impactar as pessoas ao seu redor?**

_____

_____

_____

Você compraria aquilo que oferece?

Você se dá o valor que gostaria que dessem a você?

Você pede feedback para seus chefes, colegas e clientes?

Você se mostra aberto para evoluir?

Fortaleça seus comportamentos, busque conhecimento e embale o que você tem a entregar, seja como autônomo, seja como funcionário ou empresário. Você pode, também, alavancar suas entregas e resultados como autônomo, transformando-se em empresário, como equipe e empresa. Se você deseja uma mudança, não faça nada por impulso, planeje e comprometa-se a evoluir. Onde você precisa colocar foco? Seja hiper-realista.

_____

_____

_____

_____

_____

Para fazer uma gestão de carreira completa, você precisa olhar para três pontos: o cenário atual, o cenário desejado e o caminho a ser percorrido até lá. No cenário atual, sempre convido as pessoas a serem hiper-realistas em relação à sua carreira, à sua entrega profissional, àquilo que elas fazem, às suas escolhas, à sua satisfação e realização. Mergulhe nas perguntas a seguir para levantar as dificuldades pelas quais está passando com sua carreira, os problemas que vem enfrentando, as indignações que tem, os resultados que está colhendo com aquilo em que está se especializando, se você sente que o seu propósito está dentro da sua entrega profissional, se você está feliz, se tem amor por aquilo que está fazendo, se tem vontade de ir trabalhar todos os dias. É importante ter este olhar constante: como está se sentindo, o que está pensando, o que está querendo, o que precisa ser ajustado para que você possa pensar no caminho e nas estratégias para alcançar aquilo que deseja.

O QUE VOCÊ DESEJA PROFISSIONALMENTE?

Além de saber como está a sua carreira hoje, você precisa saber como quer que ela esteja e em quanto tempo. Para ajudá-lo, separei alguns questionamentos para este momento.

> "
A autoconfiança vem do conteúdo, do conhecimento. Então desapegue do que não lhe agrega, desconecte-se do palco do outro e mire no que vai colaborar com o seu desenvolvimento.

EXERCÍCIO: DESTRAVE SUA CARREIRA (2)

Pelo que você quer trocar o que tem hoje?

_____

_____

_____

O que deseja para a sua carreira daqui a um ano?

_____

_____

_____

E daqui a cinco anos?

_____

_____

_____

Como quer agregar valor a partir do que já entrega?

_____

_____

_____

No que vai investir: estudos, atualizações, idiomas?

_____

_____

_____

Que retorno financeiro quer ter para viver seu estilo de vida?

_____

_____

_____

Se você quer mudar e ter mais resultados em sua profissão, o que pode fazer para buscar isso? Liste abaixo pelo menos cinco atitudes que tomará.

_____

_____

_____

ESTRATÉGIAS PARA GERIR UMA CARREIRA EXTRAORDINÁRIA

Muita gente me pergunta qual é a estratégia ideal de carreira. Não existe uma única fórmula, o que existem são práticas já testadas por mim e por muitas pessoas que eu sigo. E, claro, você precisa avaliar se elas cabem na sua vida, na sua rotina e no seu jeito de ser e de viver.

Independentemente da estratégia de carreira que você escolha para a sua vida, a primeira coisa a fazer é desenvolver o seu "eu" empreendedor. Ter a atitude de aprender ao longo da sua carreira

– dentro do conceito de *lifelong learning** – a busca contínua por atualização, conhecimento e desenvolvimento profissional. Ter essa atitude é fundamental para que sua carreira evolua. Outra atitude que ajuda qualquer carreira é ter consciência dos seus pontos fortes e do quanto os está colocando no jogo. A terceira atitude que eu recomendo é ranquear o seu desempenho por meio do feedback, ou seja, buscar e estar aberto à opinião dos seus colegas, dos seus superiores, dos seus parceiros de negócio, de todos os que convivem com você profissionalmente. Afinal, você só pode melhorar quando se enxerga e, às vezes, você fica no ponto cego, por isso a importância do feedback.

Quando se estrutura uma estratégia de carreira, você precisa seguir alguns passos básicos.

» Ter clareza de onde quer chegar – tendo o autoconhecimento como base – e das metas que serão utilizadas para chegar lá.

» Montar sua análise SWOT, identificando seus pontos fortes (S), os pontos fracos (W), as oportunidades de melhoria (O) e o que pode ser uma ameaça para a sua carreira (T).

» Criar métricas para acompanhar o seu desempenho profissional.

» Observar constantemente o seu crescimento e suas necessidades de desenvolvimento.

» Se você é uma "euquipe" ou tem uma equipe, precisa se aproximar, engajar, ter empatia, promover o mínimo de segurança psicológica para que as pessoas se sintam confortáveis para expor suas vulnerabilidades, seus erros e aprender com isso.

---

* *Lifelong learning*, em tradução livre, significa aprendizagem ao longo da vida. Representa a busca "contínua, voluntária e automotivada" pela atualização, conhecimento, seja no campo profissional, acadêmico ou pessoal. Conforme a Lifelong Learning Council Queensland (LLCQ), instituição que divulga o conceito pelo mundo, o *lifelong learning* se refere a "um aprendizado que é perseguido durante a vida: um aprendizado que é flexível, diverso e disponível em diferentes tempos e lugares. O *lifelong learning* cruza setores, promovendo aprendizado além da escola tradicional e ao longo da vida adulta". Fonte: https://app.startse.com. (N. E.)

» Levar para o jogo o seu jeito de fazer as coisas, porque é isso o que o diferencia dos demais.

» Investir na sua carreira, ter verba para isso.

» Ampliar a sua visão com estudo e com desenvolvimento constantes.

» Ter uma visão de crescimento e compartilhamento, porque isso é prosperar.

Busque mentores que já trilharam o mesmo caminho que você quer. Conhecimento + experiência = sabedoria. Busque parcerias estratégicas verdadeiras, aquelas de dar e receber, ganha-ganha. Cumpra com o que você promete. Avalie bem com quem você se relaciona. Não pegue atalhos, eles podem ser mais curtos, mas os prejuízos podem ser maiores. Seja especialista naquilo que faz, seja o melhor que você pode, tanto em autoridade quanto em posicionamento. Fortaleça a sua visão de futuro. Tenha metas e faça o que precisa ser feito.

CARREIRA: REALIZAÇÃO, CONHECIMENTO E RESULTADO

Sei que estamos diariamente buscando o equilíbrio entre as tantas tarefas que precisamos fazer. A sensação é a de que tudo não passa de uma corrida. A busca frenética por resultados imediatos, pelo sucesso antes dos 30, pelas mudanças após os 40, por isso e por aquilo. Isso tudo gera ansiedade e, em muitos casos, prejudica a saúde emocional.

Como lidar com isso na sua jornada? A resposta é: não correndo a corrida dos outros, mas, sim, a sua própria. O conhecimento que você já possui é importante ao buscar a sua alta performance. Respeite o seu tempo de crescimento, de evolução, que está maturando as suas experiências e, com maestria, busque escalar os seus resultados. A seguir estão algumas dicas para ajudá-lo a alcançar realização, conhecimento e resultados na sua carreira.

Inovar com seus conhecimentos e conexões. A gente se preocupa em buscar mais, em fazer mais, em ter mais informação, o que é extremamente importante, mas o que você já inovou com aquilo que já sabe? O que já transformou com tudo o que aprendeu? E quantas conexões conseguiu criar com o seu conhecimento? Porque a transformação do resultado acontece não com aquilo que você sabe, mas com aquilo que consegue conectar e transformar a partir dessas conexões.

Permitir-se a imperfeição. Quantas oportunidades você está perdendo com a velocidade do ambiente e do mercado por se perguntar "Será que eu posso fazer algo diferente?", "Será que eu posso colocar algo a mais?" ou "Vou começar no mês que vem", "Deixa para depois"? Na velocidade com que as coisas mudam hoje, noventa dias é o que dura um planejamento. Esse é o tempo suficiente para você entender se uma coisa vai dar certo ou não. E, se você está perdendo tempo com o seu desafio de lidar com a perfeição, perderá resultados também. Então cresça com aquilo que você já tem, fazendo com consistência e respeitando cada etapa. Como nos traz Brené Brown em *A coragem de ser imperfeito*:[17]

> PERFECCIONISMO NÃO É SE ESFORÇAR PARA A EXCELÊNCIA. PERFECCIONISMO NÃO TEM A VER COM CONQUISTAS SAUDÁVEIS E CRESCIMENTO. PERFECCIONISMO É UM MOVIMENTO DEFENSIVO. É A CRENÇA DE QUE, SE FIZERMOS AS COISAS COM PERFEIÇÃO E PARECERMOS PERFEITOS, PODEREMOS MINIMIZAR OU EVITAR A DOR DA CULPA, DO JULGAMENTO E DA VERGONHA. PERFECCIONISMO É UM ESCUDO DE 20 TONELADAS QUE CARREGAMOS CONOSCO, ACHANDO QUE ELE NOS PROTEGERÁ, QUANDO, DE FATO, É AQUILO QUE REALMENTE NOS IMPEDE DE SERMOS VISTOS.

Aprender a colocar em prática, decidir e agir. Entre logo em ação, já se comprometa a fazer algo diferente. Aprenda e transforme, saia do comodismo de ter mais uma provocação e menos ação. Também não espere muito tempo para começar. Talvez amanhã a sua

---

17 BROWN, B. **A coragem de ser imperfeito**. Rio de Janeiro: Sextante, 2016. p. 78.

ideia possa já fazer parte de um conjunto de ideias antigas e irrelevantes. Então concentre-se em transformar a sua jornada respeitando as etapas, fazendo diferente, colocando em prática e se permitindo escalar o seu resultado, as suas mudanças, dentro de uma perspectiva de crescimento saudável, sem prejudicar suas emoções.

Cada um tem o seu próprio jeito de lidar com as dificuldades e desafios, e ele faz toda a diferença quando falamos de um profissional de alta performance. Essa pessoa se diferencia das demais em muitos pontos, principalmente na forma como lida com os desafios.

Foco. Tudo em que você coloca foco você aumenta. Ninguém pode ajudar se você não se compromete a agir e a entregar. Foco + ação = melhoria contínua. É impossível ter resultados diferentes fazendo as mesmas coisas, indo aos mesmos lugares, conectado-se com as mesmas pessoas, sem mergulhar, sem se reconhecer, sem se entender e tomar as suas decisões, sem ter um compromisso com disciplina e atitude. Continuando dessa forma, você terá o mesmo reconhecimento, a mesma ou pior conta bancária e viverá a mesma história ano após ano. Pense que você está no processo, não olhe só para o resultado final.

Como nos traz T. Harv Eker em *Os segredos da mente milionária*,[18] "é onde a atenção está que a energia flui e o resultado aparece".

POSICIONAMENTO

Sempre que posso, falo da importância do posicionamento para que o profissional seja reconhecido na própria carreira. Mas, ao contrário do que muita gente acredita, não existe um atalho ou uma fórmula mágica para ser reconhecido e ter resultados. O que existe é o posicionamento adequado aos seus objetivos.

"Ah, Fernanda, lá vem você dizendo que não existe atalho, mas, e se eu quiser criar um para mim, não posso?" A resposta é simples:

---

18 EKER, T. H. **Os segredos da mente milionária**. Rio de Janeiro: Sextante, 1992. p. 133.

você até pode pegar ou criar um atalho que outros já usaram, mas saiba que ele pode levar a um resultado que não combina com o que você busca e que, consequentemente, não o fará feliz como você imaginava.

É no caminho que você aprende, que você troca ideias, experiências e energia, que você vai aparecendo, fazendo seu nome e criando seu posicionamento. Você entende que, se cortar toda essa etapa, perderá a oportunidade de se posicionar de um jeito único? É o genuíno, o que é só seu, ou seja, é o seu caminho que é capaz de criar um posicionamento diferenciado e de valor.

Agora que já se convenceu a não cortar caminho e a não comprar uma fórmula mágica para ser reconhecido e ter resultados, vou deixar algumas dicas, baseadas na minha própria experiência, para criar esse posicionamento.

Quando você falar sobre si e sobre o que faz, deixe bem claro quem você ajuda. O seu posicionamento precisa ter foco e se comunicar com quem você quer falar e ajudar. Que problema você resolve?

Valide seus aprendizados. Não veja algumas de suas experiências de vida como erros ou escolhas equivocadas, mas, sim, como aprendizados. No papel de mentora, canso de ouvir das pessoas que elas só fazem escolhas erradas. Errado é pensar assim. Na época em que você tomou uma determinada decisão, você não possuía o conhecimento que tem hoje.

Além disso, é importante validar seus cursos e conhecimentos adquiridos ao longo da vida. Porque de certificados o mundo está cheio. Não são eles que fazem um profissional se diferenciar, mas, sim, o valor que ele consegue criar com todo esse conhecimento adquirido. Portanto, se um curso não soma à sua carreira, nem perca seu tempo e seu dinheiro. Se você valida seus aprendizados, você se torna mais forte e, consequentemente, seu posicionamento ganha força e visibilidade. E isso só depende de você.

Sempre se posicione como você quer ser visto. Pode ser que hoje o seu posicionamento o esteja levando para onde quer chegar, mas também pode ser que não. Se as pessoas ainda não conseguem enxergá-lo como você quer ser reconhecido, mantenha o foco e continue se comunicando com esse objetivo. Posicionamento não é um processo rápido, leva tempo para as coisas se encaixarem como você espera. Seja persistente e você chegará lá.

Respeite e seja respeitado. Se você quer ser respeitado e reconhecido, precisa respeitar e impulsionar os outros: colegas, parceiros, fornecedores, clientes e até mesmo concorrentes. Você nunca brilha sozinho e sempre pode contribuir para que os outros brilhem também.

Esteja sempre presente para ser memorável. Você não pode se dar ao luxo de ter um período sabático e sumir de vez em quando. Você tem um compromisso com as pessoas que o seguem e que consomem o seu conteúdo. O mínimo que elas esperam é a sua presença.

Para finalizar, tenho um pedido e um exercício para você: saia de cima do muro e escolha o seu lugar ao sol. O mundo espera por você e pelo seu posicionamento.

NETWORKING

O networking deve deixar de ser visto como uma atividade restrita a profissionais extrovertidos e descolados. É uma necessidade que faz parte da rotina de qualquer profissional que não quer ficar estagnado na carreira e na vida. Formulei algumas dicas para você praticar o seu.

Networking além do convencional. Está na hora de ir além do básico, afinal, aquela troca de cartões já ficou no passado. Não espere a pessoa aparecer na sua frente para você se apresentar e conseguir a atenção dela. Provoque esse encontro. Isso mesmo, crie situações de networking.

E como fazer isso? Tendo iniciativa, entrando em contato sem medo do que vão pensar. O "não" você já tem, lembre-se disso. Pense sempre o que você tem a perder se falar com tal pessoa. Como você já sabe a resposta, a dica está dada. Além disso, participe de eventos do seu setor, prestigie sua rede de contatos com a sua presença, quando possível, e esteja disponível para as pessoas.

Saia da posição de receptor para um networking de sucesso. Não pense que as conexões estratégicas existem só para favorecer você. O segredo do networking de sucesso e das trocas verdadeiras é dar antes de receber, ou seja, ajudar as pessoas de alguma forma sem esperar nada em troca. Esse é o caminho natural que faz com que suas relações sejam ricas e duradouras.

"

Conheça pessoas que compartilham das mesmas paixões que você! Elas podem ser a chave para novas oportunidades.

Sabe aquele prazer em presentear, em ver os outros felizes com algo que você pode ajudar? É disso que estou falando. E, antes que me pergunte o que você ganha com isso, respondo: o que você ganha é esse prazer natural, essa sensação de que você importa e faz a diferença na vida do outro. Conhece algo melhor que isso?

Case-se com seus parceiros. "Como assim, Fernanda?" Um casamento de sucesso é trocar felicidades e experiências, é estar para o outro e o outro estar para você, mesmo com todas as diferenças e desafios diários. É estar presente com toda a sua bagagem. Com seus parceiros estratégicos é a mesma coisa. É estar perto apesar de tudo e para tudo. É se importar.

Desapegue do resultado e foque o networking desinteressado. As conexões sem interesse envolvido fazem parte da tendência *Netweaving*, chamada assim pelo autor Robert Littell. Essa expressão significa rede de tecelões e vai além do sentido literal, já que envolve um networking mais humanizado e desinteressado. Nesse caso, o verdadeiro interesse é no outro, no que ele precisa e deseja, e não o contrário. Isso envolve uma mudança de mindset e de tudo o que já ouvimos falar sobre networking.

Reparou que tudo o que falei aqui se refere a construir relações, confiança e presença? O networking é muito mais do que um mero contato na agenda ou no celular. É o contato pessoal, a pessoa. É o que você cria com ela. Eu, por exemplo, faço questão de cultivar relacionamentos e não colecionar contatos. Entende a diferença? Vibro com os resultados dos meus clientes, por meio do desenvolvimento e do meu networking, como se fossem os meus próprios. É isso que colore a vida.

Finalizo esta parte do livro com algumas perguntas para você se fazer e completar aqui mesmo.

EXERCÍCIO: DESTRAVE SUA CARREIRA (3)

Qual o caminho / quais os passos que você precisa perseguir para atingir o que deseja na sua carreira?

_____

_____

_____

Quais pessoas precisam fazer parte do seu networking?

_____

_____

_____

Defina como você vai construir esse networking.

_____

_____

_____

Você pode assistir à *superlive* que fiz enquanto escrevia este livro usando o QR Code a seguir.

Para acessar o conteúdo é fácil! Basta apontar a câmera do seu celular para o QR Code ao lado ou digitar o link em seu navegador e aproveitar!

https://materiais.blog.fernandatochetto.com.br/lp-super-live-destrave-sua-vida-saia-do-rascunho-assista-a-gravacao

> Seja especialista naquilo que faz, seja o melhor que você pode, tanto em autoridade quanto em posicionamento. Fortaleça a sua visão de futuro. Tenha metas e faça o que precisa ser feito.

CAPÍTULO VI

DECISÃO, VISÃO E MENTE ABUNDANTE:
TELHADO

Neste capítulo, convido-o a pensar com mais carinho nos seus sonhos e objetivos e, se for necessário, a mudar alguns conceitos sobre esse tema. Somos treinados desde a infância a sermos realistas, a acreditarmos somente no que vemos e a mantermos sempre os dois pés no chão, não é verdade? Entretanto, para atingirmos um nível mais elevado de realização, precisamos, antes de tudo, levar a nossa mente a esse nível.

Certa vez, li uma frase que me marcou muito, mas desconheço a autoria: "Para que o chão que queremos pisar no futuro seja do jeito que sonhamos, temos que ir com a nossa mente até as estrelas".

ESCALANDO SONHOS

O que são sonhos? É tudo aquilo que você deseja realizar. Os sonhos são capazes de trazer intensidade aos pensamentos e à vida, além de mostrar que você pode, que é capaz, que é comprometido consigo mesmo. Muitos não sabem sonhar, não se permitem ir além, só vão até onde estão enxergando. Portanto, conseguir intencionar e visualizar aonde você quer chegar é o primeiro passo para que consiga ativar seu foco, sua ação e sua melhoria, para que você seja resiliente e comprometido com a vida que quer ter. Ao longo deste capítulo, mostrarei algumas técnicas para isso.

Para exemplificar, contarei um pouco sobre os meus sonhos. Este livro é um deles que estou realizando com uma felicidade imensa. Além disso, quero correr pelo mundo. Conviver com profissionais de alta performance. Quero ter liberdade financeira e geográfica. Tudo isso me motiva e me impulsiona a ter uma rotina produtiva, mesmo sabendo que estou longe do máximo que posso fazer, afinal, sempre podemos evoluir. Mas os sonhos podem estar relacionados também aos sonhos das pessoas que você ama.

Então o primeiro passo para realizar é saber quais são os seus sonhos. Tem muita gente que ainda não parou para pensar nisso.

Vão vivendo sem projetar o que desejam para o futuro e, assim, perdem a oportunidade de construir uma felicidade maior. Portanto, pense: **o que você quer colocar na sua lista de sonhos?** Para intensificar esse desejo, espalhe seus sonhos pelo ambiente em que está inserido, assim conseguirá enxergá-los diariamente. Eu, por exemplo, gosto de contar meus sonhos e mostrar os que já realizei. Espalho frases de impacto e imagens no meu escritório e na minha casa, comandos que me mantêm focada, para que meu mindset não me boicote no caminho.

Sonhe grande, seja audacioso, permita-se construir a realidade que quer ter, enxergue possibilidades. Conecte-se com sua melhor versão. Intencione, decida e tenha disciplina. Você precisa visualizar, dar vida e cor aos seus sonhos todos os dias. Enxergue-os se concretizando e dê o comando para o seu cérebro. Seja em uma cartolina, no celular ou usando um aplicativo. Seu sonho, quanto mais detalhado for, mais real se torna. No primeiro passo, intencione; no segundo, construa as ações.

Agora é hora de praticar. Faça uma lista com todos os seus sonhos, todas as realizações que acredita que o fariam feliz. E não importa quão longo e desafiador seja o caminho, escreva assim mesmo, foque no final e não no durante. Vamos lá!

Quais são os seus sonhos de vida?

_____

_____

_____

MAPA DOS SONHOS

O mapa dos sonhos existe como uma ferramenta para visualizar os seus objetivos. Venho utilizando muito para mim e para meus mentorandos e posso dizer que ele faz toda a diferença na nossa motivação diária.

A prática consiste em criar um mapa dos sonhos por meio de recortes, colagens, desenhos, palavras para registrar o que você interciona realizar. Resumindo, é deixar os seus sonhos mais concretos por meio de imagens para as quais você pode olhar todos os dias.

Na pesquisa realizada por Napoleon Hill – publicada no livro *Quem pensa enriquece*[19] –, entre as treze características comuns aos quinhentos bilionários que ele entrevistou ao longo de vinte anos está o hábito de intencionar e desenhar seu mapa dos sonhos para depois transformá-lo em metas e ações. Essa prática fazia com que eles entrassem em um estágio de comprometimento total com os próprios sonhos.

Segundo o autor, no livro *Os segredos que vão mudar sua vida*,[20] "Em um estudo feito pelo autor com o Dr. Alexander Graham Bell e com o Dr. Elmer R. Gates concluiu-se que todo cérebro humano é uma estação de recepção e transmissão para a vibração do pensamento".

Hill afirma que existem duas formas de imaginação ou faculdade imaginativa: a imaginação sintética e a imaginação criativa. A sintética – utilizada pelos inventores – possibilita organizar conceitos, ideias ou planos antigos e transformá-los em novas combinações. Ela não cria nada, apenas usa o material originário da experiência, da educação e da observação.

Já a imaginação criativa – que, segundo o autor, possibilitou que grandes líderes e artistas se tornassem referências – permite que a mente finita do homem se comunique diretamente com a Inteligência Infinita. Por meio dela, recebemos "palpites" e "inspirações", além de todas as ideias básicas ou novas. E, por elas, podemos receber as vibrações do pensamento de outras pessoas, inclusive podemos

---

19 HILL, N. **Quem pensa enriquece**. Porto Alegre: Citadel, 2009.
20 HILL, N. O cérebro: uma estação de percepção e transmissão para o pensamento. In: HILL, N.; MURPHY, J.; CARNEGIE, Dale. **Os segredos que vão mudar sua vida.** Rio de Janeiro: BestSeller, 2014. p. 212.

sintonizar com a mente subconsciente dessas pessoas. Porém, essa faculdade só funciona quando a mente consciente vibra a uma velocidade muito rápida, por exemplo, quando o consciente é estimulado pela emoção de um forte desejo. Segundo Hill, as duas faculdades da imaginação – a sintética e a criativa – ficam mais alertas com o uso, assim como os músculos reagem ao treino físico constante. Incrível, não é?

O mapa é um facilitador da sua jornada, ele o ajuda a enxergar o que será construído. Ao visualizá-lo todos os dias, você se sentirá mais motivado e ativará a ocitocina que precisa para que sua energia se fortaleça e acelere suas ações. Assim, essa atitude contribuirá para que você atinja as suas metas e realize seus sonhos.

Portanto, conecte-se de verdade com seu mapa dos sonhos todos os dias. Veja, sinta, viva a realização dos seus sonhos. Imagine como você estará, como se sentirá, como será a sua vida quando atingir o que está se propondo. Você pode – e deve – programar o seu cérebro para fazer o que tem que ser feito.

Mesmo se você não acredita em tudo o que falei até agora, experimente fazer o seu mapa dos sonhos e veja o que acontece, afinal, tentar não custa nada, não é?

COMO CRIAR SEU MAPA DOS SONHOS

Agora vamos aos detalhes. Criei alguns passos para facilitar essa prática para você.

1. Escolha suas ferramentas. O mapa dos sonhos pode ser feito com o que você tem em casa ou no escritório: cartolina, canetinhas, recortes de revistas ou jornais, fotos impressas. Além disso, ele pode ser criado no computador com o programa que for mais familiar para você. Eu, por exemplo, fiz o meu mapa em papel e também no computador com a ajuda de programas e aplicativos que permitem inserir fotos, textos e outros detalhes bem lindos, do jeito que eu gosto. O mais importante é que ele seja feito por você e que seja acessado diariamente.

2. Deixe seu mapa em um lugar visível. Nem que seja no computador, o importante é que seja fácil de enxergá-lo e editá-lo. Por outro lado, não adianta criar o seu mapa dos sonhos e escondê-lo de si mesmo. Combinado? Use e abuse dele, são seus sonhos que estão ali. Quer coisa mais linda de se ver todos os dias?

3. Visualize e sinta o seu mapa dos sonhos. Pelo menos uma vez por dia, pare para observar o seu mapa. Imagine as coisas acontecendo e tente sentir o máximo que conseguir durante o processo. Use as seguintes perguntas para facilitar a visualização (e quanto mais detalhes você imaginar, melhor!):

1. Qual seria a sensação de realizar aquele sonho?
2. Como você estaria vestido?
3. Quem estaria ao seu lado?

No livro *As 10 bobagens mais comuns que as pessoas inteligentes cometem*,[21] os autores dr. Arthur Freeman e Rose DeWolf abordam essa questão e explicam como esse processo pensamento → emoção → ação acontece na prática:

AS SITUAÇÕES PODEM SER AS MAIS VARIADAS POSSÍVEIS, MAS A QUESTÃO É A MESMA: CADA PENSAMENTO PRODUZ UMA EMOÇÃO DIFERENTE, NÃO IMPORTA SE AQUILO QUE VOCÊ TEM DIANTE DE SI É ALGO QUE AFETA O SEU TRABALHO, SUAS RELAÇÕES PESSOAIS, SUA SENSAÇÃO DE SEGURANÇA, SEU AMOR-PRÓPRIO OU SUA APARÊNCIA: É O QUE VOCÊ PENSA ACERCA DAQUELA SITUAÇÃO QUE DETERMINA, EM GRANDE PARTE, SE VOCÊ VAI SENTIR ALGO A RESPEITO E O QUE VOCÊ FARÁ. E NÃO FAZ DIFERENÇA SE O ACONTECIMENTO OU CONVERSA QUE DEFLAGRA AS SUAS IDEIAS DE RAIVA, VERGONHA, DESILUSÃO OU TRISTEZA PASSOU-SE UM MINUTO OU UMA VIDA INTEIRA ATRÁS – SÃO SEUS PENSAMENTOS IMEDIATOS QUE DETERMINAM COMO VOCÊ SE SENTE, E OS SENTIMENTOS, POR SUA VEZ, VÃO MOLDAR O SEU COMPORTAMENTO.

---

21 FREEMAN, A.; DEWOLF, R. **As 10 bobagens mais comuns que as pessoas inteligentes cometem**: e técnicas eficazes para evitá-las. Rio de Janeiro: Versal, 2006. p. 21.

4. Dê prazo para cada sonho. Sonhos e objetivos sem prazo dificilmente entram no plano da realidade. Então, em cada sonho do seu mapa, insira uma data para ser o seu norte e guiar as suas ações em torno dele. Dessa forma, o compromisso fica mais forte e o sonho deixa de ser somente sonho.

> **Importante: encare esses prazos com uma certa flexibilidade, caso contrário, a frustração pode pegá-lo desprevenido. Se necessário, ajuste a rota sem culpas.**

5. Não deixe que ninguém julgue o seu mapa dos sonhos. Isso é bem importante: não dê liberdade a ninguém para julgar e opinar sobre o seu mapa dos sonhos. Primeiro porque, se a pessoa disser que aquele sonho é impossível ou que aquele prazo é uma ilusão, você pode acreditar nela, mesmo que só no seu inconsciente.

Em segundo lugar, só você pode saber o que quer realizar, quais são seus sonhos mais especiais e o que vai lhe trazer felicidade quando realizados. O mapa dos sonhos é pessoal e intransferível, mas nada o impede de fazer outro junto com a sua família ou amigos. Mas o seu é só seu, combinado?

Faça seu mapa dos sonhos agora mesmo. É quase um pecado desperdiçar essa chance de realizar seus sonhos, não acha? Acredite em mim, visualizar o que você deseja dá certo!

Vou deixar aqui um espaço para você fazer seu mapa dos sonhos ou, se preferir montar em uma folha à parte, escreva tudo o que colocará nele. Faça desenhos que representem os seus sonhos, cole fotos, imagens. Isso o ajudará a se organizar para criar o seu mapa.

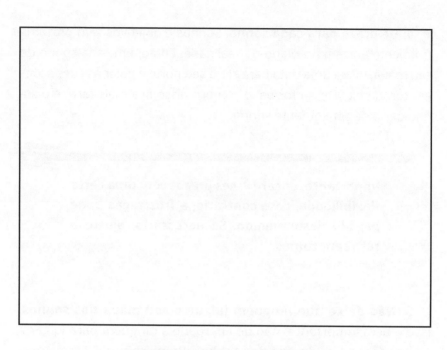

INTENCIONE SEUS RESULTADOS

Uma ferramenta que favorece a realização é a técnica de visualização, que consiste em visualizar o que se deseja realizar. Essa técnica se popularizou com o livro *O segredo*,[22] escrito por Rhonda Byrne em 2006, que virou filme e documentário. Resumindo, a obra fala da lei da atração e afirma que o pensamento positivo pode levar a pessoa a criar a realidade que ela almeja.

Antes que você argumente que não adianta nada visualizar sem agir, tenho uma coisa para dizer: você está certo! É isso mesmo, só pensar positivo e criar a realidade ideal na sua cabeça não gera os resultados esperados, mas já é melhor do que continuar não fazendo nada e pensando negativo, não acha?

Só pensar positivo não funciona, é preciso agir. Vamos pegar o exemplo de um atleta. Se ele não treina, ele não ganha, mas se ele soma uma intenção forte aos treinos, as chances de ele ganhar

---

22 BYRNE, R. **O segredo**. Rio de Janeiro: Sextante, 2015.

aumentam. Dessa forma, ele comunica a informação do consciente para o subconsciente, o seu desejo, o que ele quer alcançar. Quem realiza a genialidade das coisas é o subconsciente, é ele que tem acesso a diferentes informações, algumas até inconscientes; portanto, ele facilitará o impulsionamento para o resultado que a pessoa deseja.

Nunca me esqueço do caso de um patinador brasileiro que, na entrevista que deu logo após fazer história ganhando o ouro nos Jogos Mundiais de 2013, afirmou que antes do prêmio imprimiu a medalha e olhava para aquele papel todos os dias até levar a original para casa. Com certeza, ele não parou de treinar, mas foi além e adicionou uma chance extra para chegar lá.

Há muito poder em quem faz acontecer, se compromete com o que quer ser e ter, fazendo diariamente o que precisa ser feito de maneira disciplinada, ou seja, fazendo repetidas vezes o que for necessário para chegar ao resultado a que está se propondo. Intencionou? Decidiu? Agiu? Disciplinou? Virou hábito. Dessa forma, acontecerá um resultado diferenciado, você se surpreenderá e talvez até pense que foi sorte. Não será! O resultado acontecerá a partir do que você construir.

Preste atenção nos seus pensamentos, atitudes, no que você emite e compartilha. Tudo em que acreditar e colocar em ação de maneira disciplinada dará certo. O que você está intencionando?

Pare de se distanciar do que está batendo na sua porta e que pode lhe trazer melhores realizações e resultados. O poder do aqui e agora é extraordinário. Quero que perceba isso na sua jornada, seu maior e melhor presente é o agora, é o que você pode fazer neste momento. O que tem hoje é por aquilo que fez um dia, tire isso como experiência, a cada dia você constrói o que terá no futuro.

Perceba o que tenho para compartilhar com você como uma grande oportunidade para parar de menosprezar e começar a intensificar suas ações sem perder a sua essência na jornada. Não subestime o que terá em um ano ou o que construirá em dez anos; tudo dependerá do seu grau de compromisso, engajamento e envolvimento com o seu presente e direção, com o que você quer para sua vida.

O quanto está amando e vivendo intensamente a sua jornada? É só isso que você pode controlar, é só isso que vai afastar ou aproximar você de viver em plenitude e felicidade, trazendo a verdadeira prosperidade que é ser, fazer e ter como consequência a abundância no seu presente. Faça essa reflexão.

CRIE SUAS METAS E REALIZE SEUS SONHOS

Depois de destravar, despertar, decidir e recomeçar, é fundamental ter objetivos bem claros. Estou trazendo o assunto metas aqui no final junto com realizar sonhos por uma questão bem importante: sem metas, os sonhos não se realizam – pelo menos não como você idealizou.

Quando você consegue inserir as metas na sua rotina, praticando de verdade, você cria um caminho para tirar seus sonhos do papel ou da imaginação. Ele passa a ser real, palpável, assim como merece ser. Dessa forma, você sai da leitura deste livro com toda a estrutura do que precisa ser feito para prosperar definitivamente. Para cada uma das áreas da sua vida, trace metas para um ano (no mínimo uma meta para cada).

Use a metodologia Metas Smart, ferramenta que auxilia na definição de metas inteligentes, estabelecendo objetivos claros e específicos para o que se deseja atingir. Ela se baseia em cinco fatores: eSpecífica (*specific*), Mensurável, Atingível, Relevante e Temporal (SMART). Ou seja, essas metas precisam ser inteligentes, devem caber na sua vida, é necessário que sejam específicas para que você consiga enxergar os ganhos e perdas envolvidos ao defini-las, as dores que terá que assumir para conseguir realizá-las e o tempo que terá para fazer o que se propõe.

Porém, não adianta somente traçar metas para um ano e para cinco anos se você não transformá-las em metas mensais, semanais e diárias. Utilize ao máximo o diário da prosperidade para se manter focado e fazer o que precisa ser feito. O objetivo é que você ative na sua rotina as ações diárias que dará conta e que as faça pouco a pouco para conseguir chegar lá nos sonhos, no telhado.

Portanto, espero que você saia dessa leitura com as metas principais para o próximo ano, com a visão de cinco anos de sonhos para ativar o seu recomeçar. Porque a vida é um eterno recomeço e, a cada ciclo que encontrar, você precisará passar novamente por toda a sua casa e ajustar cada cômodo para conseguir fazer frente aos novos desafios. E você conseguirá!

Agora proponho um exercício de fechamento deste livro, fundamental para você conseguir colocar em prática todos os aprendizados que teve até aqui. Porque de nada adianta conhecimento sem prática, não é mesmo? Então decida o que você fará após essa leitura. Quais serão suas próximas atitudes para realizar as transformações que deseja?

Para ajudá-lo nessa etapa, sugiro que você faça uma planilha seguindo os seguintes pontos:

O QUÊ	POR QUÊ	QUANDO	COMO	QUEM
Escreva aqui as ações que você deseja colocar em prática.	Aqui insira o motivo, os objetivos, o resultado que quer alcançar com essas ações.	Toda meta precisa de um prazo. Estipule uma data para cumprir cada ação.	Aqui entram os recursos que serão necessários para cada ação, os investimentos envolvidos. Quanto mais detalhada for esta parte, mais fácil será partir para a ação.	Coloque todas as pessoas envolvidas no processo. Com quem você entrará em contato, que parcerias buscará, em quem vai se inspirar, para quem pedirá ajuda.

Se preferir outro tipo de planilha ou método, escolha o que mais se adapta ao seu jeito de fazer no dia a dia. Antes de tudo, a planilha deve entrar na sua rotina para que você consiga utilizá-la de fato, e assim destravar e sair do rascunho.

> Sonhe grande, seja audacioso, se permita construir a realidade que quer ter, enxergue possibilidades. Se conecte com sua melhor versão. Intencione, decida e tenha disciplina. Você precisa visualizar, dar vida e cor aos seus sonhos todos os dias.

───────────────

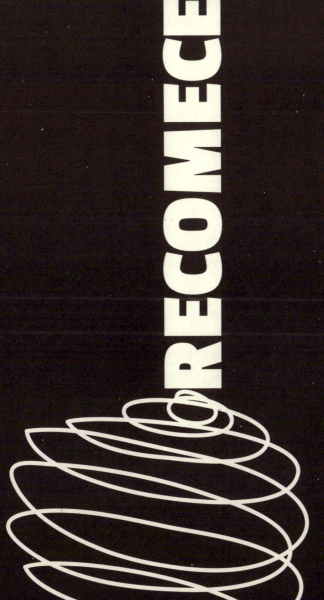

É com o coração cheio de alegria que chego até aqui junto com você. Primeiro, agradeço por se permitir a leitura deste livro, por estar aberto a conquistar o próximo nível da sua vida, pleno de possibilidades, prosperidade e satisfação.

O meu grande objetivo com esta obra é que ela tenha despertado em você o desejo de destravar e tirar a sua vida do rascunho. Mais do que isso, que ela possa ajudá-lo a trilhar um caminho de descobertas e mudanças que o conduza às transformações necessárias para a sua vida e que o torne o protagonista da sua jornada.

Eu trouxe a casa para representar o conteúdo deste livro e mostrar a você que o processo de destrave e de tirar sua vida do rascunho é contínuo. Primeiro você destrava, depois você desperta, em seguida você decide e, por fim, recomeça. Embora seja contínuo, é um processo capaz de lhe trazer segurança e força durante o caminho – como a casa que é para a maioria de nós o nosso chão, o lugar para onde sempre voltamos e onde podemos ser quem realmente somos.

Os próximos passos dependem da sua atitude. Estas são as minhas dicas para você pôr em prática a partir de agora:

- » Acabe essa leitura determinado a agir. Faça deste livro o diário da sua vida e da sua transformação assinado pela sua autoria. Leia-o quantas vezes forem necessárias.
- » Pegue todos os exemplos que mostrei aqui como inspiração, ative o comando no seu cérebro de que você também pode, inclusive que pode mais do que isso.
- » Antes SEJA para depois TER. Prepare a sua mente para que você possa prosperar. Mostre e doe o seu talento para o mundo.
- » Viva um presente digno de suas escolhas. Esteja preparado para que coisas ainda melhores aconteçam. Crie o seu próprio modelo de abundância.
- » Carregue com você crenças positivas, a permissão da evolução. Manifeste a prosperidade. Assim, as coisas começam a

dar certo, surgem oportunidades, as pessoas certas aparecem, os conflitos diminuem, você sente uma gratidão absurda, começa a avançar, aumenta as conquistas, vê o patrimônio crescer. Você trabalha com o que ama e ganha muito mais do que gasta. Tudo o que está ao seu redor expande, o que você plantar também vai acontecer. A evolução é contínua.

» Mantenha seu sentimento e seu pensamento alinhados ao que quer trazer para a sua vida. Deixe as fichas caírem e se comprometa com a evolução.

» Mudanças simples podem causar profundas transformações. Afirme o que você quer construir. Nascemos e precisamos assumir o compromisso com nós mesmos, enfrentar as adversidades e buscar apoio para avançar. Ter lido este livro já foi um grande passo nesse sentido. Você decidiu destravar a sua vida e sair do rascunho.

Espero que você esteja saindo daqui em paz com as suas escolhas, com atitudes que as pessoas já reconhecem, influenciando positivamente quem o admira e contribuindo para um mundo melhor.

Você é a prova de que, quando decidimos e abraçamos nossos sonhos e oportunidades com amor e disciplina, a transformação acontece dia após dia. A sua palavra inspira, mas o seu exemplo arrasta multidões. Continue firme, siga seu coração e seu propósito, eles revelarão o caminho conforme você for avançando.

Como é bom sentir essa energia boa, essa sensação de liberdade e de poder. Isso tudo será possível a partir de agora porque você decidiu evoluir, intencionar e criar metas que cabem na sua vida. Dê o próximo passo.

Ajude outras pessoas com este livro, com tudo o que você absorveu até aqui, através do link ou QR Code a seguir. Permita que ele alcance quem precisa desse estímulo. Presenteie alguém que é importante para você e que você deseja ver seguir crescendo na vida e na carreira. Destrave uma vida! Conto com você nessa missão!

Para acessar o conteúdo é fácil!
Basta apontar a câmera do seu celular para o QR Code ao lado ou digitar o link em seu navegador e aproveitar!

https://materiais.blog.fernandatochetto.com.br/presenteie-com-livro

Para finalizar, compartilho com você o meu manifesto, o que me acompanhou até este momento. São frases que me motivam e que transformam os meus resultados todos os dias. Espero que elas ajudem no seu caminho. Foi um prazer estar aqui com você!

Essa é a sua **vida**!

O sucesso ou o fracasso dela dependem totalmente de **você**.

Confie na sua **intuição** e no seu **poder pessoal**, eles vão mostrar qual o caminho a seguir.

Tome decisões levando em conta seus valores e o que é prioridade para você.

Fortaleça a sua **autoconfiança**, ela o levará até onde quer chegar.

Foque o seu objetivo e faça o que tem que ser feito!

Tenha **disciplina**, pois ela traz **liberdade**.

Reconheça o seu **valor** e mantenha o **foco**!

Derrube suas próprias crenças sobre o que você pode ou não fazer.

Você não precisa da aprovação dos outros para ter uma vida de **realização e prosperidade**.

Saiba dizer **não** para as coisas que não fazem sentido e que não lhe acrescentam nada.

Fale sobre **dinheiro e carreira**, eles são fundamentais para a sua realização pessoal.

Posicione-se! Aonde você quer chegar?

Tome decisões baseadas nas suas esperanças, e não nos seus medos.

Passe mais tempo ao lado de quem você ama. Compartilhe com essa pessoa os seus **projetos e sonhos**.

Esteja próximo de pessoas que o inspiram e o fazem **evoluir** cada dia mais.

Viaje e viva intensamente cada nova experiência!

Conheça pessoas que compartilham das mesmas **paixões** que você! Elas podem ser a chave para **novas oportunidades.**

Agradeça sempre! Brinde para celebrar suas conquistas!

Seja **protagonista** de uma vida **abundante e extraordinária**, pois é isso que você merece!

Olhe para trás e veja que todo o seu esforço valeu a pena!

A vida é uma só!

Escolha viver de maneira rica em todos os sentidos!

Faça acontecer! Vamos juntos?

A REGRA E O CAMINHO:

Eu + nós + carreira;
Comportamento + conhecimento + relacionamento;
Mergulhe na Técnica 3D: link na página 92.

O MÉTODO:

- Destravar;
- Despertar;
- Decidir;

Assista à superlive que fiz, inspirada neste livro: link na página 178.

AS RECOMPENSAS:

Ser, poder, conquistar, alcançar, transformar, proteger, desfrutar e dominar.

O prazer de presentear alguém importante para você com este livro: link na página 198.

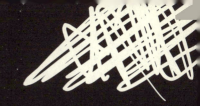

> **Primeiro você destrava, depois você desperta, em seguida você decide e, por fim, recomeça.**

Um agradecimento especial a todos os amigos, familiares, seguidores e apoiadores. Vocês fizeram parte dessa jornada. Sintam-se abraçados por esta homenagem.

OBRIGADA
OBRIGADA
OBRIGADA
OBRIGADA

Adriana de Déa Januário
Adriane Caroline Gallas
Alex Roveda
Aline Eggers Bagatini
Aline Elisabet Greef Grosz
Aline Scapini Caumo
Amanda Grazziotin Favero
Ana Beatriz Giovanoni da Silva
Ana Paula Manteze
Ariani Tainara Silva de Araujo
Áurea de Jesus
Barbara Gleyce Martins Bezerra
Bruna Rezende Martins
Camila Bianchini Dias dos Santos
Camila Togni
Cassio De Bona
Cheron Liane Betim de Arruda
Cinthia Dalla Valle
Claudia Isabel Luciano
Cristiane Teresinha Angst
Cristiani reimers
Daia Schmidt
Dalila Battisti
Daniel Bandeira Marins
Daniele da Costa
Daniella Machado
Deiberson Cristiano Horn
Denise Severo
Ediane Roncaglio Baseggio
Eliana Ahlert Heberle
Elisângela Horas de Souza
Elisangela Trassante
Elizabeth Barbosa Bispo Arsenio

Elizaira Rodrigues Lima
Evanice Elenir Dill
Felipe Santos Paz
Fernanda Jacoboski Gasparello
Fernanda Mossmann
Franceli Rodrigues Kuntzler
Franciele Diehl
Franciele Fatima Baccon
Giovana Bianchetti
Greicy Regina Pontes
Gustavo Penso
Ianize Barros Belchior
Inajara Roehrs Horn
Izabelia Tonial Gonçalves
Jarimara Costa
José Maria Nunes
Josiani Luz
Júlia Reichert Kunrath
Julia Schmidt Wolf
Juliana Marques de Souza
Júlio César Ferreira da Silva
Katya Mourthé
Larissa Reis Franco
Larissa Scherer
Lidiana Haas
Lidiane Pedersini Pretto
Liselena Bersch Neumann
Lorrane Mares da Mata Tonini
Luciana Brune
Luciana Farias
Marcella Miranda
Marcio Luis Braun
Maria Eduarda Henz

Maria Stela Hernandes Alegria Hespanhol
Mariana de Albuquerque Lima Braulio
Mariana Reali Ferri
Marianne Alves de Carvalho Castanheira
Mariele Kuhn
Marilei Tonon Utzig
Marina Panazzolo
Marina Tenn-Pass
Marina Vidotti
Maurício Coelho Araujo
Michele Eifert Dillenburg
Morgana Cristina Bitdinger
Neiva Schneider
Nestor Roberto Vogel
Patrícia A. Rampazzo F. Silva
Patrícia Becker
Patricia Catarina Schmitz Prade
Patrícia Luísa Ely
Paula Letícia Nunes da Silva
Paulo Daniel Johann
Rafaela Cansan
Renata Accorinte Lavezo
Ricardo Brunetto
Ricardo Luís Diedrich
Rodrigo Emanuel Anunciação
Rogerio Wink
Rossana Hunecke
Sabrina Idalencio
Sabrina Matias
Sidnei Cezar Train
Soraide Teresinha Graf
Suzane de Azevedo
Tais Scheffer Lampert

UM AGRADECIMENTO DO ♥ ÀS EMPRESAS QUE COLABORARAM COM O LANÇAMENTO DESTE LIVRO:

UNICRED
VTRPP

UNIVATES

Este livro foi impresso pela Gráfica Assahi em
papel pólen bold 70g/m² em setembro de 2021.